KB120984

광릉숲에서 찾는
미래

광릉숲에서 찾는 미래

기후위기 시대의 각성

김한정 지음

광릉숲에서 찾는 미래

기후위기 시대의 각성

3부 광릉숲, 위기를 맞다

4부 광릉숲에서 새로운 도시문화를 찾다

5부 숲이 사라지면 삶도 사라진다

6부 기후위기와 정치의 각성

에필로그

서문
당연하게 생각해왔던 것들과 헤어질 결심

왕의 숲이 된 지 600년, 유네스코가 지정한 생물권 보전지역인 광릉숲은 대한민국의 보물이다. 세조의 왕릉인 광릉(사적 197호, 경기도 남양주시 진접읍 부평리)을 배경으로 광활한 숲이 우리 곁에 있었다.

그렇지만 정작 시민들은 그 숲을 바라만 보아야 했다. 숲 가운데로 난 길을 자동차는 다닐 수 있는데 정작 사람이 다닐 수 있는 길은 없었다.

남양주 진접에서 광릉숲 축제가 해마다 한 번씩 열리는데 그 슬로건이 '일 년에 한 번 열리는 숲'이었다. 시민들은 일 년에 딱 한 번, 그것도 숲 일부만 구경할 수 있었다. 20대 국회의원 선거에 출마할 때 나는 공약했다. 숲을 시민에게 돌려드리겠다고. 당선되자마자 나는 광릉숲에 언제나 사람이 다닐 수 있는 길을 내는 일에 바로 착수했다.

어떤 일이든 사람이 한다. 생각을 같이하는 시민들을 모았다. 광릉숲은 국립 숲이고 유네스코가 지정한 생물권보전지역이다. 숲 관통로에 눈이 쌓여도 수목 보호를 위해 제설제를 뿌리지 않는다. 수목원 경내를 제외하고는 출입 금지다. 환경보호 시민단체도 광릉숲은 출입 엄금으로 보호해야 한다는 집념을 갖고 활동해왔다.

나는 그 생각을 존중했다. 광릉숲을 해쳐서는 안 된다는 점에 전적으로 동의하지만, 두 가지 의문을 제기했다. 왜 매연과 소음을 내뿜고 달리는 자동차는 통제하지 않고 시민들은 산책조차 못하는가? 국립수목원은 왜 시민들의 방문을 예약제로 통제하는 것을 당연히 생각하는가? 유네스코도 보존이 아닌 보전을 이야기하지 않는가? 보존은 그대로 유지하는 것을 의미하지만 유네스코 생물권 보전지역에 대한 원칙은 인간의 개입을 원천 봉쇄하는 것이 아니라, 자연과 인간의 평화로운 공존이다. 자연환경을 훼손하지 않는 지속가능한 선에서의 인위적인 개입은 금지되지 않는다.

이 문제를 해결하기 위해 인근 주민, 진접을 비롯한 지역사회 리더들 그리고 국립수목원 전문가의 의견을 구했다. 당시 국립수목원장이었던 이유미 원장은 부정적이지 않았다.

"자동차 통행을 막을 수는 없다. 우회도로가 가까이 있지 않아 광릉숲을 통과하여 왕래하는 사람들의 반발이 클 것이다. 그러나 자동차 길을 따라 사람이 다닐 수 있는 숲 산책로를 내는 것은 찬성이다. 우선 광릉숲에 사람 길을 내려면 수목원이 관할하는 지역 외에도 문화재청, 산림기술교육원, 경희대 평화복지대학원 등이 관할하는 구역들이 있어 관련 기관들의 협조도 구해야 한다. 국립수목원이 요청한다고 따라주지는 않을 것이다. 산책로 개설과 관리에 예산도 필요하다."

이유미 원장의 조언은 가능성이 현실의 문제로 바뀌는 순간이었다. 불가능한 일이 아니다. 생각을 바꾸는 것이 핵심이다! 그때 이유미 원장이 호응하고 나서주지 않았다면, 광릉숲길 조성 추진은 어려웠을 것이다.

막상 길을 내는 일에 착수했지만 쉬운 일은 아니었다. 나는 발로 뛰었다. 국회의원이 나서자 관련 기관들이 아예 외면하지는 못했다. 숲길도 열고 숲도 더 잘 보호하자고 호소했다. 여러 차례 기관과 함께 대책 회의를 열었다. 내가 20대 국회 전반기에 상임위를 농해수위로 배정받은 게 큰 도움이 되었다. 산림청이 소관 기관이었기 때문에 일을 추진하는 데 유리했다. 사실 나는 남양주가 도농복합도시이기는 하지만 농업인구는 인구 1퍼센트도 안 되고 바다에 인접하지도 않아 농해수위 배정에 적잖이 실망했다. 그러나 세상일은 모르는 거다.

국립수목원을 관할하는 산림청을 집중적으로 설득했다. 관련 기관들도 하나씩 숲길 산책로 개방에 대해 부정적인 태도에서 긍정으로 바뀌기 시작했다. 문화재인 광릉을 관리하는 문화재청도 협력하겠다고 알려왔다. 당시 문화재청장이 언론인 출신 정재숙 청장이었던 것도 운이 따랐다. 마지막 남은 기관이 경희대 평화복지대학원이었다. 봉선사 쪽에서 광릉숲 진입 구간 길목을 대학 용지가 자리 잡고 있었기 때문에 일종의 사유지 통행 허락을 받아내야 할 상황이었다. 조인원 당시 경희대 총장 부부를 초대해 취지를 열심히 설명해드렸더니 이 문제도 풀렸다.

이런 과정을 거쳐 마침내 산림청과 국립수목원이 광릉숲길 조성 사업을 맡기로 했고 나는 국비 예산 30억 원을 확보했다. 1년이 걸린 협의와 연구, 또 1년이 넘게 걸린 연구용역, 설계, 공사를 거치고 드디어 2019년 아름다운 숲길이 열렸다. '걷고 싶은 광릉숲길'로 명명했다. 개통식에서 나는 시민들에게 이렇게 말씀드렸다.

"차만 다닐 수 있던 길에 사람 길이 났습니다. 왕의 숲이 시민의 숲이 되었습니다. 국립수목원도 국민수목원이 되었습니다. 시민이 숲의 주인이기 때문에 숲을 가꾸고 지킬 책임도 시민에게 있습니다."

막상 길을 열고 난 뒤, 4km 정도의 숲길 관리를 국립수목원 직원들에게 요청할 수는 없었다. 국립수목원에는 많은 연구 인력과 관리 인력이 있지만 국립수목원 운영에도 인원이 부족한 상황이었다. 나는 이유미 수목원장께 약속했다. "나라도 앞장서겠다. 시민들과 함께 숲길을 정비하고 관리하고 또 숲길을 안전하게 만드는 일들을 해나가겠다."

이렇게 시작된 것이 '광릉숲친구들' 모임이었다. 회원이 늘어 사단법인이 되었고 우리 남양주 시민들과 남양주 밖 시민들이 자발적으로 참여하고 있다. 정기적으로 숲길을 청소하고, 문화행사를 열고 숲과 환경을 위한 강연회도 만들고, 아이들을 위한 행사도 개최한다. 건강하고 즐거운 시민단체로 성장했다.

또 하나, 우리 남양주 시민이라면 예약하지 않고서도 국립수목원에 입장할 수 있도록 국립수목원의 협조를 얻어내기도 했다. 그동안 가까이 사는 우리 남양주 시민조차 사전에 예약해야만 입장할 수 있었다. 이어서 자동차를 이용하지 않고 "걷고 싶은 광릉숲길"을 걸어온 시민은 국립수목원에 사전 예약 없이 입장이 가능하게 되었다. 국립수목원의 열린 행정에 감사드린다.

봉선사 입구부터 국립수목원 입구까지 약 4km의 걷고 싶은 광릉숲길은 그렇게 탄생했다. 남양주 시민, 경기 도민뿐만 아니라 서울 시민들도 광릉숲길을 걷기 위해 찾아왔다. 코로나19가 한창일 때도 한 해 100만 명의 시민들이 이 광릉숲길을 걸었다.

2022년에는 서울 지하철 4호선이 진접까지 개통되어 광릉숲 방문이 한결 수월해졌다. 2023년 봄에는 제2숲길, 일명 오솔길도 추가 개통했다. 자동차 소리가 들리지 않는 숲속에서 흙과 풀을 밟으며 걸을 수 있다. 아이들이 숲을 체험하는 최고의 코스가 될 것이다.

광릉숲에는 위기도 있었다. 2019년 남양주시가 광릉숲 인근의 버려진 골프장 용지를 매입해서 남양주시 마석에 있는 가구공단을 이전하겠다는 계획을 세웠다. 시민들에게는 첨단 친환경 산업단지라는 그럴듯한 명분을 갖다 붙이기도 했다. 시민들이 들고 일어섰다. 나도 "이것은 안 된다"라고 판단했다. 광릉숲을 위협하고 또 시민들의 안식처를 훼손할 수 있는 일이었기 때문이다.

그때 함께 싸웠던 시민들도 '광릉숲친구들' 동지들이었다. 숲을 지키는 것은 우리 삶을 지키는 일이고, 우리의 미래를 지키는 일이며, 우리 아이들을 지키는 일이다. 마침내 가구공단 계획은 철회되었다. 시민의 승리였다. 광릉숲의 승리였다. 숲을 지키는 일이 정치를 바꿔놓았다. 광릉숲친구들에게 특별히 감사드린다.

이 모든 것이 지나고 보니 기적 같은 일이었다. 그러나 불가능한 일도 아니었다. 문제는 어려울 것이라고, 안 되겠다고 생각하는 우리의 지레짐작이었다. 우리는 그동안 너무나 많은 것들을 당연하게 생각해왔다. 차는 다니는데 사람은 걸어 다니지 못하는 것을 그대로 받아들였다. 함부로 버리는 페트병들이 숲을 아프게 한다는 것을 알면서도 무심코 지나쳐왔다.

이제 그동안 당연하게 생각해왔던 것, 불편하면서도 참아왔던 것들과 헤어질 결심을 해야 한다. 그것이 바로 숲 사랑이고 환경 사랑이다. 이는 미래를 위한 가장 현명한 투자이다. 우리 삶을 더욱더 행복하게 만드는 지름길이기도 하다.

뒤돌아보면 광릉숲에 길을 내는 일은 숲 산책로를 내는 일만이 아니었다. 사람 사이에 길을 내고 사람을 잇는 일이었다. 그동안 외면하고 있었던 자연과 화해하는 과정이었다. 우리 아이들을 위해서 우리가 할 수 있는 일을 마땅히 하는 실천적 자각이기도 했다. 왜 정치를 하는가? 정치는 무엇을 할 수 있는가? 나 자신의 고민도 깊어지게 되었다.

시민들의 참여 속에 국립수목원은 이제 국민수목원으로 바뀌고 있다. 왕의 숲이 시민의 숲으로 바뀌고 있다. 숲길이 열려 시민의 숲이 됐지만, 숲은 안전하게 보호되고 있고 더 깨끗해지고 있다. 광릉숲을 가꾸면서 숲을 더욱 사랑하게 되고, 자연을 지켜야 한다는 마음을 갖게 되었다. 광릉숲친구들에 모인 시민들은 플라스틱 덜 쓰기, 일회용품 줄이기 운동에도 나서고 있다. 바로 이러한 기적 아닌 기적은 우리가 생각을 바꾸면서 가능해졌던 일이다.

코로나 팬데믹으로 온 세계가 몸살을 앓았고 우리 한국도 예외가 아니었다. 코로나 팬데믹은 우리에게 많은 가르침을 주었다. 그중 하나가 자연을 함부로 대해서는 안 된다는 것이다. 그리고 우리가 모두 안전해질 때까지 나 혼자만 결코 안전할 수 없다는 것이다. 빈번해지고 극심해지고 있는 기후재난은 지구시민의 각성과 행동을 촉구하고 있다. 광릉숲에서 배운 교훈이 탄소중립 전환과 기후위기 극복으로 이어지기를 바란다.

광릉숲길에서 만난, 각성한 시민들이 우리 미래를 더욱더 평화롭고 풍요롭게 만들 것이다. 숲 사랑 속에서 형성된 연대, 배려의 정신이 광릉숲을 지켜나갈 것이다. 나는 광릉숲길을 함께 연 남양주 시민들이 자랑스럽다. 광릉숲을 지키고 가꾸는 데 열성적으로 봉사하고 있는 '광릉숲친구들'에게 무한한 존경과 감사의 마음을 갖고 있다. 세상은 시민이 바꾼다. 시민이 주인이다.

이 책은 광릉숲에서 깨달은 이야기를 담았다. 나는 광릉숲친구들과 새로운 정치를 시작하고자 한다. 그 각오도 담았다.

이 책이 나오기까지 감사의 뜻을 알려야 할 이들이 한두 분이 아니다. 광릉숲길 구상부터 오늘까지 함께하는 광릉숲친구들 이병로 이사장님과 이사님들, 광릉숲친구들 운영위원과 회원님들, 추천의 글을 주신 이유미 전(前) 국립세종수목원장과 이미경 환경재단 대표님께 깊이 감사드린다. 내 허술한 원고를 인내심 있게 읽어주고 내용을 채워준 아내 박정희 작가, 원고 정리와 자료를 챙겨준 의원실 보좌진들, 출판을 흔쾌히 수락하고 멋진 책으로 만들어주신 메디치미디어 김현종 대표께도 감사하는 마음을 빠뜨릴 수 없다. 최재천 교수님은 긴 시간을 할애해서 인터뷰를 해주시고 기후위기 대처를 위한 소중한 말씀을 주셨다. 깊이 감사드린다.

2023년 10월

광릉숲에서 김한정

광릉숲 안에 있는 국립수목원 전경 ©국립수목원

추천의 글

숲은 미래입니다. 숲에는 기나긴 세월 동안 환경의 숱한 어려움에 적응하며 차곡차곡 쌓아온, 유전 정보들을 간직하고 살아온 생명들이 살아갑니다. 숲의 생물다양성은 질병, 식량을 비롯한 우리가 직면한 미래의 여러 어려움을 해결해줄 자원이며 자산입니다. 그래서 숲은 우리가 꼭 지켜내야 할 미래입니다.

숲이 지닌 유형의 가치는 물론 무형의 가치는 더욱 무궁합니다. 숲이 땅을 붙잡고, 물과 대기를 순환시켜 우리의 생존이 가능하지요. 숲에 나무가 없다면 우리는 숨조차 제대로 쉬기 어려운 미약한 존재입니다. 나아가 숲이, 그 숲의 초록이 우리의 몸과 마음에 주는 치유와 위로는 더욱 놀랍습니다. 거기에다 창의와 영감을 보태면 초록 우주, 숲이 주는 가치는 우리의 과학과 기술로는 가늠하기조차 어렵지요.

지금, 지구 공동체가 겪는 기후변화, 지속가능성, 생물다양성과 관련된 난제는 메가트랜드가 되어 우리 앞에 놓여 있습니다. 예측할 수 없는 기후, 대형 산불의 증가, 감염병과 돌발 병해충의 발생이 일상을 위협합니다. 특히 탄소중립의 실현은 이제 시대적 과제이자 국제 규범, 즉 뉴노멀이 되었습니다.

지구의 리더와 지성들은 기후변화를 되돌릴 강력하고도 포괄적인 계획을 수립하고 있는데 그 해법 중 상당수는 숲을 잘 보전,

이용하고, 나무를 심어 가꾸는 일에 주목합니다. UN은 탄소중립을 이행하는 수단으로 비용 대비 효과가 높고 빠르며 부작용이 없는 수단으로 숲을 주목합니다. 그리하여 2020 다보스포럼에서는 1조 그루 나무 심기를 어젠다로 채택했습니다. 숲을 어떻게 바라보고 실천하느냐에 우리의 미래가 달려 있습니다.

예전에는 멀리 떨어진 곳에 울창하게 숲을 조성하여 국토를 푸르게 만드는 일에 집중했지요. 그러나 이제 더욱 숲이 절박한 곳은 도시입니다. 이상고온, 도시열섬, 대기오염, 미세먼지 그리고 무엇보다 회색이 가득한 도시에서 살아가는 사람들의 휴식과 정서적 안정을 위해 초록 숲이 더욱 간절합니다.

숲은 모두 중요하지만, 그 가운데서도 가장 특별한 숲을 꼽으라면 단연 광릉숲입니다. 광릉숲은 우리나라 숲에 연관된 중요한 역사를 담고 있습니다. 현재는 숲을 통해 삶의 색깔을 바꾸는 현장이기도 하며, 미래에 이어주어야 할 책임을 담고 있기도 합니다.

울창한 광릉숲 전나무 숲길에 들어서면 그 예사롭지 않은 숲의 풍광 속 새로운 세상에 발을 들여놓았음을 느낍니다. 도시의 때 묻은 회색빛에서 벗어나 광릉숲길을 따라 걸으며 그 숲의 아름다움을 만끽하다 보면, '어떻게 도심에서 그리 멀지 않은 곳에 이토록 아름다운 숲이 살아남아 있었을까?' 하는 궁금증이 생기지요.

연원을 들춰보면 세조 때로 거슬러 올라갑니다. 1468년 세조는 자신의 능을 정하면서 주변 지역 전체를 왕릉을 지키는 능림으로 지정하여 숲을 엄격하게 보호하기 시작했습니다. 보호의 손길은 그 후로도 계속되어 1922년 나무를 연구하고 숲을 가꾸는 임업시험장이 설치되었고, 지금의 국립수목원으로 이어지지요.

우리나라 전역에 심어진 나무 대부분이 이곳에서 시범 삼아 심어진 뒤 퍼져나갔습니다. 그래서 이곳에는 우리나라에 키우는 나무들의 효시가 되는 선조 나무가 많습니다. 우리나라는 전쟁 이후 헐벗었던 국토에 나무를 심어 푸르게 만든, 세계에서 가장 빼어난 성과를 자랑합니다. 그 역사가 태동한 곳이 바로 이곳 광릉숲입니다. 이제는 전국으로 확산한 우리나라의 수목원, 정원 문화의 원천도 바로 광릉숲입니다. 그 숲의 한쪽에 국립수목원이 만들어지면서 시작된 문화였지요.

광릉숲이 정말로, 아니 더욱 중요한 이유가 또 있습니다. 이곳은 오백 년이라는 세월 동안 사람들의 노력과 행운이 겹쳐 고스란히 보존되어온 보기 드문 숲이라는 점입니다. 숲은 그대로 머물러 있지 않고 점차 나이를 먹으며 변해갑니다. 초본류나 관목에서 시작하여 소나무와 같은 양수가 살게 됩니다. 다음으로 소나무의 바늘잎 사이로 들어가는 햇볕으로 커나가는, 음지에서도 잘 견디는 음수가 생장합니다. 수분과 광선의 조건이 변화하면서 숲은 점차 안정된 숲 즉 극상림을 향해 변해가는데, 이러한 과정을 '숲의 천이'라고 합니다.

우리나라 숲의 경우, 극상림을 이루는 나무의 한 종류를 서어나무류로 보는데, 주봉인 소리봉을 중심으로 광릉의 숲에는 바로 서어나무 군락이 있습니다. 이 군락은 서울을 중심으로 하는 중부지방에서는 유일한 곳입니다. 이렇게 안정되어 편안한 숲에는 갖가지 식물들과 곤충, 새들이 조화롭게 살아갑니다.

광릉에 살고 있는 식물의 종류는 1천종에 달합니다. 먹이 피라미드의 가장 아랫부분을 차지하는 식물이 이토록 풍부하다 보니 점차 이어지는 모든 생물상이 풍부해져서 광릉숲은 이름 그대로 생물다양성의 보고가 된 것입니다.

광릉숲은 오래전부터 학자들이 우리나라 생물종 연구를 하려면 꼭 찾아오는 생물연구의 요람이기도 합니다. 광릉에서만 자라는 광릉의 특산식물, 그래서 이름에 광릉이라는 두 글자가 붙은 식물들도 많이 있습니다. 광릉요강꽃, 광릉물푸레나무, 광릉나비나물, 광릉골무꽃… 물론 곤충이나 버섯 같은 다양한 종류들도 마찬가지입니다. 여러 천연기념물로 지정된 새들의 보금자리이기도 하고요. 곤충 중에서는 유일하게 천연기념물로 지정되어 있다는 장수하늘소, 밤에 야광으로 빛나는 화경버섯을 비롯하여 숲속의 보물이라고 부르는 가지가지 버섯들… 이렇게 가치 있는 생명들의 이야기만으로도 끝이 없습니다.

수도권의 허파로 자리 잡은 이 숲에 고민이 많이 생겼습니다. 나날이 확장되는 주변의 개발이나 대기오염, 기후변화 등 여러 문제가 있습니다. 도시에 둘러싸여 녹색 섬처럼 되어가고 있습니다. 이 모든 것보다 제가 더 심각하게 생각했던 문제는 따로 있었습니다. 함께 광릉숲을 지켜오고 일해오던 지역분들 마음에서 광릉숲이 멀어져가는 것이었습니다.

언제부터인가 광릉숲은 문헌 속에서, 일부 학자들의 연구 속에서, 국립수목원을 찾는 관람객들의 휴식 속에서만 이야기될 뿐이었습니다. 환경단체들의 염려 속에서 입장객이 제한되고 광릉숲을 보전하기 위한 일부 개발 제한과 문화재를 보호하기 위한 법은 이곳이 소중하다고들 합니다. 그러나 정작 지역 주민들은 곁에 두고도 좀처럼 가까이 갈 수 없는 광릉숲이 되어가고 있었습니다. 그 숲을 기대고 살아가는 사람들에게 사랑받지 못하는 숲은 지속해서 보전되고 지켜지기 어렵습니다. 가까이 두고 사랑해서 더욱 보전하고 발전시킬 수 있어야만 합니다.

광릉숲의 무궁한 가치와 의미를 누구보다도 더 잘 이해하고 주민들에게, 나아가 국민에게 공유하고 싶은 생각을 가진 분이 김한정 의원이었습니다. 광릉숲을 지역 주민과 함께 공유하면서 지켜나가는 방법을 찾기 시작하며 사람이 걷는 길을 열자고 했습니다. 당시 광릉숲을 관통하는 길은 사람은 다닐 수 없고 차들만 어렵게 통과하며 나무마저도 몸살을 앓고 있었습니다. 처음 길을 내겠다는 이야기를 들었을 때 저는 취지에는 전적으로 동의했지만 솔직히 실현 가능할까 하는 의구심이 있었습니다.

의구심이 무색하게도 일의 추진 과정이 놀라웠습니다. 김한정 의원은 예산을 마련하더니 문화재청에게 진정성과 의미를 설명하고 설득했습니다. 경희대학교도 설득했습니다. 이 숲길의 가치를 가장 잘 살려낼 전문가를 찾아내어 설계를 의뢰했습니다. 그리고 길이 만들어지는 과정 내내 관심의 끈을 놓지 않았습니다.

숲속에 길을 내면서 나무는 한 그루도 다치지 않게 했습니다. 사람의 발길에 땅이 굳어가지 않는 길, 습지를 비롯한 자연적인 환경이 바뀌지 않는 길을 만들었습니다. 막 싹을 틔운 나뭇가지의 연둣빛 새순들과 나뭇가지 사이로 찾아드는 봄 햇살, 노란빛으로 피어나는 피나물 군락, 가을 단풍이 무르익고 새들을 가장 잘 만날 수 있는 공간들이 다 담긴 그 광릉숲길이 생겨났습니다.

광릉숲길은 여러 가지 의미에서 함께 지켜가고 향유하는 숲 문화의 한 획을 그었다고 생각합니다. 남양주시와 포천시가 길로 이어지고 사람도 이어줍니다. 광릉숲길 4km는 막막하던 광릉숲

둘레길도 가능하게 만들어주었습니다. 그 길 끝에서는 자연 친화적인 지역 발전의 시도들이 이어집니다. 냉랭하던 지역 주민들이 광릉숲친구들이 되어 매일매일 그 길을 오가며 함께 가꾸고 함께 행복해합니다. 삶의 색깔을 건강하게 바꾸어가는 것으로 보입니다. 자연을 보전하며 즐길 수 있는 여러 방법이 있다는 것도 알게 되었습니다. 이런 기적들이 우리나라 숲 곳곳에서 일어나면 좋겠습니다.

제가 가장 사랑하는 숲, 광릉숲의 미래 숲 문화를 열어준, 자연과 지역을 사랑하는 마음으로 지난하고 어려운 일을 이끌어준 김한정 의원님께 이 지면을 빌려 깊은 감사의 마음을 전합니다. 저도 광릉숲을 떠났지만, 영원한 광릉숲 친구가 되어 그 숲 어딘가에 마음을 두고 살아가겠습니다.

평생 광릉숲에서 연구하며 살아온, 前 국립수목원장

이유미

추천의 글

전 국민의 절반이 밀집되어 사는 수도권에 우리나라의 대표적인 숲, 광릉숲이 있습니다. 유네스코가 생물권보전지역으로 지정한 이 숲은 복덩어리입니다. 그 숲 가까이에서 정치를 하면서 시민들과 함께 사람들의 숲을 만들어가는, 제 오랜 친구가 있습니다. 바로 김한정 의원입니다. 국회의원이 되기 전부터 제가 일하고 있는 환경재단의 기획위원으로 함께 의논해온 동지이기도 합니다.

그가 자동차는 다니는데 사람은 다닐 수 없었던 광릉숲에 사람 길을 내고, 그 숲을 지키고 가꾸는 사람들을 모았습니다. 저도 사단법인 광릉숲친구들의 창립 때부터 함께하고 있습니다. 그는 시민들과 함께 길을 내고 숲을 지키면서 기후위기 시대의 새로운 정치를 고민하고 있습니다. 그 이야기가 바로 이 책에 고스란히 담겨 있습니다.

"우리는 너무나도 철저하게 현재의 생활을 신봉하고 살면서 변화의 가능성을 부인하고 있다. '이 길밖에는 다른 도리가 없어'라고 우리는 말한다. 그러나 원의 중심에서 몇 개라도 다른 반경을 가진 원들을 그릴 수 있듯이 길은 얼마든지 있다. 생각해보면 모든 변화는 기적이라고 할 수 있으며, 그 기적은 시시각각으로 일어나고 있다."

19세기 미국의 대표적인 지성인 헨리 소로가 2년에 걸쳐 숲속에서 혼자 생활하면서 얻은 깨달음을 기록한 《월든》 서문에 나오는 구절입니다. 그가 숲에서 홀로 살던 시기의 미국은 멕시코 전쟁 중였으며, 노예제도 찬반으로 온 나라가 들끓었습니다. 그는 산업 자본주의가 심화되면서 인간성이 더욱 소외되어가는 현실을 간파하고 있었습니다. 남부의 노예 감독, 북부의 노예 감독보다 더 위협적인 것은 "당신이 당신 자신의 노예 감독일 때"라고 질타했습니다. 관성에 젖어 변화를 꿈꾸지 못하는 사회를 향해 경고했습니다. 변화의 시작은 결국 한 사람 한 사람의 각성이라고 주장했습니다.

결국 기후위기 문제에 대한 접근도 개인의 각성이 시작입니다. 특히 정치인들의 각성은 더욱 중요하다고 생각합니다. '광릉숲에 자동차가 다니는 길은 있는데, 왜 사람이 다니는 길은 없을까? 숲을 걷게 하고 시민이 숲을 지키게 하자, 숲을 체험하면 환경의 중요성도 실감하게 된다.' 누구나 쉽게 생각하지만, 이 문제를 해결하려고 쉽게 나서기는 어렵습니다. 그런데 김한정 의원은 이 일을 자신의 지역구에서 해냈습니다.

그가 몸담은 국회 상임위원회는 산업과 자원, 에너지 문제를 관장하는 산업통상자원중소벤처기업위원회이고, 그는 여당과의 협상 창구인 간사 역할을 맡고 있습니다. 그가 재생에너지 확대와 탄소 배출 감소를 위한 산업 구조 전환에 매달리는 이유는, 기후위기 극복에 있어 에너지 문제 해결이 핵심이기 때문입니다.

헨리 소로는 왜 숲속으로 갔을까요? 그는 자신이 대지와 교감하는 이유를 이렇게 말했습니다. 자신의 일부분이 바로 잎사귀이며 식물의 부식토이기 때문이라고요. 식물이 사라진다면 우리 몸도 사라지겠지요. 탄소를 들이마시며 온갖 식물, 동물이 어우러져 살아가게 하는 광릉숲은 기후위기 대응을 위한 교과서입니다.

김한정 의원이 시민들과 함께 만든 광릉숲 걷는 길을 통해 멀게만 느껴지던 광릉숲, 국립수목원과 사람들이 연결되었다고 합니다. 탄소 배출 자동차가 다니지 않는 광릉숲길도 꿈꾸고 있다고 합니다. 차 없는 날에는 아이들이 텅 빈 길에서 실컷 뛰어놀고 시민축제가 열리는 광릉숲을 희망하고 있습니다. 점점 더 많은 시민이 숲에서 자연과 더불어 살아가는 것을 배우고 그 배움 속에서 기후위기를 헤쳐나갈 전사가 될 수 있으리라 생각합니다. 그 여정에 저도 함께하겠습니다.

환경재단 대표

이미경

포토 에세이

'광릉숲'

어린이정원

국립수목원
광릉숲길
광릉숲길은요..

1부

광릉숲길을 열다

01
자동차 길은 있는데, 사람은 걸을 수 없다?

남양주 진접읍 봉선사에서 국립수목원까지 광릉숲[01]을 관통하는 2차선 좁은 자동차 길은 조선시대에는 사람이 다니던 길이었고, 우마차의 통행을 금지하던 숲길이었다. 이 길에 군용 지프차가 다니고 시골 버스가 다니고 언제인가 아스팔트 포장이 되었으리라. 박정희 정권 시절에 광릉숲으로 소풍을 다닌 기억이 있다는 주민은 '먼지 폴폴 나는 좁은 비포장 길'이었다고 말한다.

일제 강점기 일본은 숲이 잘 보존된 광릉숲을 1913년 임업 시험림으로 지정해 묘목을 기르는 밭을 설치하고, 1922년에는 임업시험

01 현재 국립수목원이 자리한 광릉숲은 조선조 제7대 세조대왕이 묻힌 광릉의 부속림 중 일부로 550여 년 이상 황실림으로 엄격하게 관리를 해오다 1911년 국유림 구분 조사시에 능묘 부속지를 제외한 지역을 '갑종요존예정임야'에 편입시켰는데, 이것이 오늘날의 광릉숲이 되었다.(출처: 국립수목원 홈페이지)

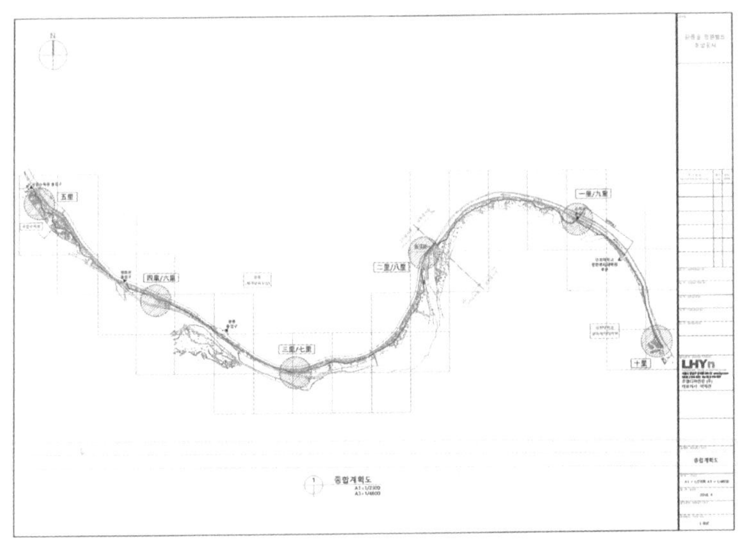

광릉숲 정원벨트 설계도 ⓒ국립수목원

장을 설치했다. 그러나 사람이나 차량의 통행을 금하지는 않았다. 사람들이 농사나 임업을 할 수 있는 곳도 아니었다. 임원연구원 중부임업시험장을 산림청 소속 국립수목원으로 격상하고 체계적이고 본격적인 관리에 들어간 것은 김대중 정부 때다.

나는 봉선사에서 국립수목원으로 가는 길이 남양주와 포천을 잇는 일종의 관통 도로이기 때문에 자동차 통행은 불가피하다고 보지만, 사람이 다닐 수 있는 길이 아예 없다는 것이 믿어지지 않았다. 차는 다닐 수 있고 사람은 못 다닌다는 것이다. 실제 걸어보니 인도 구분은 없고 자동차 길 가장자리로 걸어야 하는데 좁은 길을 자동차가 자주 지나다니니 위험천만이고 불안하기 짝이 없었다.

광릉숲 보호가 목적이라면 자동차를 막아야지 사람을 막다니.

그게 현실이었다. 그동안 사람들은 이런 현실을 당연하게 받아들였다. 광릉숲은 시민들에게는 접근 금지 구역이었고, 광릉숲 가운데 달걀 노른자위처럼 자리 잡은 국립수목원은 사전 예약을 하고 자동차를 타고 가서 입장해야 하는 곳이었다. 이 아름다운 숲을 차로는 지나갈 수 있어도 걸어갈 수는 없다니 말이 안 된다. 사람들이 걸을 수 있는 안전한 길을 열어야겠다고 결심했다.

계기도 있었다. 남양주 진접읍의 시민단체들은 일 년에 한 번 '광릉숲 축제'를 연다. 광릉숲 초입에 자리 잡은 봉선사 주차장 부지를 이용해서 문화행사를 벌이는데 먹거리 잔치와 각종 이벤트도 있어 시민들에게 인기 있는 지역 축제이다. 그 축제 때에는 국립수목원의 양해로 봉선사 뒤로 연결된 임도를 따라 숲길 일부를 시민들에게 개방한다. 그래서 축제의 슬로건도 '일 년에 한 번 열리는 숲길'이었다. 마치 시혜를 베푸는 듯한 숲길 탐방 기회였다.

나는 2016년 총선에 출마하여 남양주(을) 지역구에 당선되었다. 당선되자마자 광릉숲 축제 준비위원이었던 조미자 진접 문화의집 관장에게 만나자 했다. 일 년에 한 번, 그것도 아주 일부만 시민에게 공개되는 광릉숲에 사람 길을 내자고 제안했다. 조미자 관장의 반응은 "어떻게요?"였다. 나는 광릉숲 관통 자동차 길옆으로 산책로를 열고 국립수목원과 산림청을 설득해 숲 일부를 개방하고 일 년 내내 시민들이 숲길을 걷게 하자는 구상을 제시했다.

"광릉숲은 더는 왕의 숲, 출입제한 구역이 되어서는 안 됩니다. 숲은 시민의 것입니다. 시민들이 숲을 사랑하게 되면 숲은 더

인도와 차도가 구분되지 않았던 기존 도로

잘 보호됩니다. 광릉숲이 보존되려면 오히려 자동차가 다니지 않아야 합니다. 통과 차량을 제한하면 왕래 주민 불편이 따르니 이는 훗날의 과제로 하고, 우선 숲 산책로부터 내고 광릉숲을 지키는 시민 조직을 만드는 게 좋겠습니다. 산림청과 국립수목원을 설득하고 필요한 예산을 마련하는 일은 제가 앞장서겠습니다."

조미자 관장은 기뻐하며 자기도 나서겠다고 답했다. 조미자 관장은 그날부터 부지런히 진접 지역 인사를 만나 내 구상을 설명하고 지지를 구하러 뛰어다녔다.

막상 숲길을 열겠다고 했는데 부닥치는 문제들이 한둘이 아니었다. 무엇보다도 '광릉숲 보존'이라는 고정된 관점이었다. 한마디로 손대면 안 된다는 것이다. 그대로 두자는 것이다. 숲길을 내고 사람이 다니게 되면 훼손된다는 것이다. 자동차는 정해진 차로로 다니지만, 사람들이 숲길을 벗어나 숲으로 들어가 도토리와 버섯을 따러 다닐 수 있고, 쓰레기를 버릴 것이라며 국립수목원 관계자들도 부정적인 생각이었다.

광릉숲은 국립수목원, 산림과학연구원, 문화재청 관할의 광릉, 산림청 직할의 영역 등이 얽혀 있고 봉선사 쪽 진입 구간은 경희대 평화복지대학원이 자리 잡은 사유지였다. 그러니 국립수목원이 독자적으로 숲길 조성과 개방을 결정할 수 없는 복잡한 문제가 도사리고 있었다. 국립수목원은 숲길 개방 이후 발생할 수 있는 안전사고와 숲길 관리 책임을 떠안는 데에도 부담을 느끼는 듯했다.

국립수목원, 문화재청, 산림청, 산림과학연구원, 경희대 등 관계기관을 하나씩 만나 일일이 설득했다. 시민 환경활동가와 전문가로 구성된 '광릉숲 보존위원회'와도 간담회를 했다. 광릉숲 인근 부평리 주민들과도 만나 설명회를 열었다. 지난한 과정이었지만 대화를 거듭하면서 하나씩 동의를 모아갈 수 있었다. 의견을 수렴하는 과정에서 좋은 아이디어도 하나씩 쌓여갔다. 보람 있는 일이었다.

광릉숲길을 여는 데는 당시 국립수목원장인 이유미 원장의 조언과 도움이 결정적이었다. 이유미 원장은 식물학 박사이자 우리나라 최고의 식물학자이다. 국립수목원에서 청춘과 공직 생활의 전부를 보내고 한국수목원정원관리원 사업이사로 일하고 있다. 신문에 식물과 화초, 숲과 환경에 대한 칼럼도 쓰고 책도 내는 수필가이다. 틈만 나면 이유미 원장을 만나 광릉숲 걷는 길을 주제로

토론하며 내 생각을 다듬었다.

첫째, 자동차 통행을 계속 허용하면서 시민의 도보 통행을 막는 것은 모순이다. 시민의 양식과 의식 수준을 믿어야 한다. 일부 몰지각한 행위를 하는 사람이 나올 수도 있을 것이다. 그러나 숲길을 아끼는 마음이 생기면 광릉숲을 걷는 시민들이 이를 말릴 것이다. 수십만 수백만이 모여 촛불집회를 해도 유리창 하나 깨뜨리지 않고, 쓰레기까지 챙겨 떠나는 대한민국 시민이다. 시민을 믿지 않고 잠재적 위반자, 훼손자로 상정하는 사고부터 바꿔야 한다. 숲길이 열리면 숲길을 관리하고 청소하는 시민들의 자발적 모임을 만들겠다. 공무원에게 숲길 관리를 떠넘기지 않겠다. 내가 앞장서겠다.

둘째, 광릉숲 관계기관의 협의와 합의 도출은 국립수목원이 나서서 해결하기 곤란하면 국회의원인 내가 나서겠다. 광릉숲 환경보존 시민단체나 환경단체의 우려를 사지 않도록 폭넓은 의견수렴도 병행하겠다.

셋째, 광릉숲길은 단순 보행로가 아니라 세계에 내놓아도 자랑할 수 있는 숲 문화 벨트로 조성하겠다는 욕심을 내자. 숲 전문가, 조경과 환경전문가에게 연구를 의뢰해서 세심하게 준비하자.

내 끈질긴 설득을 다들 진지하게 들어주었다. 다만 내 말대로 이루어질 수 있을 것인가 회의적인 반응은 있었다. 나는 전문가 용역 결과가 나오면 민·관·학 합동회의를 열고, 시민공청회도 열어 충분히 의견수렴을 하는 민주적 절차와 과정을 제시했다. 이왕에 여는 길, 걷기 좋고 의미가 있도록 하려면 어떻게 해야 할까? 전문가들이 필요했다. 그래서 국립수목원을 통해 서울대 환경대학원 성종상 교수 팀에게 연구용역을 맡겼다. 당부를 건넸다. "숲을 훼손하지 않으면서, 아이들도 어른도, 몸이 불편한 사람들도 걸을 수 있는 길이 될 수 없을까요? 숲을 느끼며 사색하고 틈틈이 쉬어갈 수도 있는 그런 길, 걷다 보면 작은 쉼터도 나오는 재미있는 길 말입니다."

02

보행을 위한 공간을 계획하다

광릉숲에 사람이 다니는 길을 내는 방안에 대해 서울대학교 환경대학원 인간환경연구실 성종상 교수 외 연구진들은 2017년 5월부터 약 5개월간 본격 연구에 들어갔다. 성종상 교수팀은 '광릉숲 정원벨트 기본 계획'으로 이름을 붙였다. 긴 숲길 속에 작은 정원들이 자리잡은 정원벨트라는 개념이 흥미로웠다. 성종상 교수팀은 봉선사에서 국립수목원 정문 사이 약 3.8km 구간의 도로(국립수목원로 324) 주변의 생태·문화적 가치를 읽어내고 사람과 숲을 위한 공간을 조성하는 데 초점을 맞췄다.

"광릉숲 관통 도로의 차량 유입을 점진적으로 제한하고 훼손된 노거수 피해를 복구하며 광릉숲의 역사와 문화유산을 반영한 섬세한 설계 접근으로, 사람과 문화가 공존하는 걷고 싶은 숲 정원

2019년 5월 25일, '걷고싶은 광릉숲길' 개통식에서 ⓒ노원철(국립수목원 숲 해설가)

길로 구상하겠습니다."

착수보고회에서 성종상 교수가 설명했다. 연구진은 광릉숲을 접촉하는 첫 번째 행위는 '걷는 것'이라고 판단했다. '보행정원'으로서 광릉숲길 조성에 대한 개념을 다음과 같이 정리했다.

첫째, 인간의 생활과 자연과의 만남은 고도의 문화적 산물이다. 광릉숲 정원벨트의 광릉숲길은 광릉숲과 시민들 간 접촉과 소통의 장場으로 작동시킨다.

둘째, 광릉숲 관통로는 장차 차 없는 거리를 지향하고, 사람과 자연이 공존하는 소요逍遙의 공간으로 계획한다.

셋째, 보행자의 윤리적 고양을 끌어내고 발현하는 공간이 될 수 있도록 운영한다.

넷째, 걷는 행위를 통해 광릉숲길의 다양한 장면을 마주하고 조망할 수 있는 경험을 제공한다.

다섯째, 숲길이 유도하는 주제 정원은 숲의 생태적, 문화적 특성을 드러내도록 하여 한국형 야생정원으로서 가능성을 보여준다.

광릉숲의 걷고 싶은 길에 대해 호젓한 숲속 길을 상상했던 나는 진행 과정에서 많은 부분을 양보해야 했다. 숲의 자연 지형, 안전 문제 등을 고려해서 숲길 코스 상당 부분이 기존 차로와 병행해 설계되었다. 숲길을 걷는 분들이 데크길 옆으로 달리는 자동차가 내뿜는 매연과 소음을 의식하게 되었다. 이 문제는 광릉숲길 관통 도로를 30km 서행 구간으로 지정해서 천천히 달리기, 경적 울리지 않기를 유도했고, 속도 제한 안내판과 과속 방지 카메라를 곳곳에 설치하는 것으로 대처했다.

이론적으로는 타협했으나 막상 숲길이 만들어지는 과정을 보면서 마음은 착잡해졌다. 아마도 대부분이 활엽수인 숲길의 나무들이 모두 옷을 벗고 앙상한 가지만 남겨진 겨울 동안 공사가 진행되었기에 상실감이 더 컸을 수도 있겠다. 찻길과 나란히 가는 숲길이라니. 게다가 여름에는 무성한 숲을 이루는 양치류가 자라는 습지 구간에서는 겨울철이어서 앙상한 철제 구조물의 다리가 유난히 길어 보이는 게 암담해 보일 정도였다.

국립수목원에 간곡히 요청했다. 철제 구조물 다리 길이를 줄여 땅에 붙도록 조정해줄 수 없겠느냐고. 길이 조금이라도 숲 안쪽

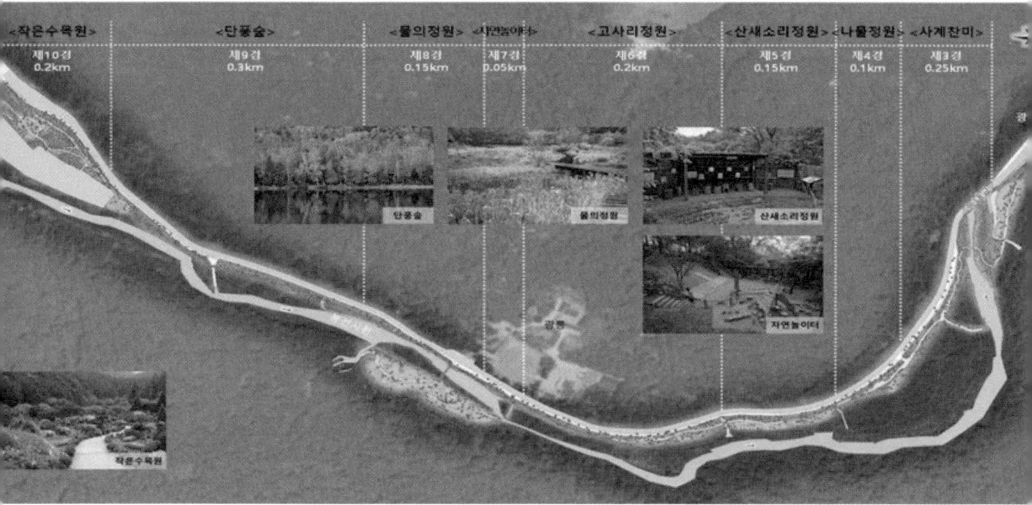

광릉숲길 2차 조성 계획 ⓒ국립수목원

으로 들어갈 수 없느냐고. 그것이 도저히 불가능하다면 흙길을 밟을 수 있는 일정 구간의 우회로라도 허용할 수 없겠냐고 요청했다. 습지 구간의 긴 철제 다리는 남양주시 하천과에서 요구하는 사항이어서 조정이 불가능하다는 답변이었다. 홍수가 나는 여름철에 실제로 하천 수위가 그렇게 올라가기 때문에 위험하다는 것이었다. 밀고 당기는 협상 끝에 나무울타리로 철제 다리를 가리고 일부 구간에 흙길로 된 우회로를 개설하는 것으로 조정해야만 했다.

드디어 2019년 5월 25일, 봉선사 입구에서 시작되는 3.8km의 '걷고 싶은 광릉숲길' 개통식이 열렸다. 찻길만 있던 광릉숲길에 사람 길이 열렸다는 것만으로도 큰 의미가 있었다. 닫힌 길이 열린 길이 되어, 진접읍에서 광릉을 거쳐 국립수목원까지 이어지는 걷는 길이 연결된 것이다. 나는 길을 여는 동안 고생한 국립수목원의

2019년 5월 25일, '걷고싶은 광릉숲길' 개통식의 테이프 커팅

이유미 원장과 담당 공무원들에게 깊이 감사를 표했다.

광릉숲길이 개통된 후 숲길을 걷는 시민들의 불편 호소를 종종 들었다. 자동차 통행이 잦지는 않지만 때때로 몰지각한 운전자들의 과속 소음이 거슬린다, 자동차에서 밖으로 내던진 페트병과 담배꽁초로 인해 기분이 상한다는 것이다. 광릉숲친구들 회원들은 '광릉숲길은 천천히 달리는 길' 캠페인도 하고 토요일이면 모여 숲길과 차로 주변을 깨끗이 청소해서 지금은 불만들이 많이 줄었다.

진접 도심에서 왕숙천 변을 걸어서 봉선사 천변으로 접어들어 걷다가 봉선사 입구 근처에서 다리를 건너면 바로 광릉숲길로 연결된다. 진접 도심에서부터 국립수목원 입구까지 걸으려면 두 시간 이상이 걸리지만 매일 걷는다는 분들도 종종 만난다.

광릉숲길의 폭이 좁아서 혼잡할 때가 있다는 이야기를 들었다. 나는 숲속 오솔길을 체험할 수 있는 구간을 연장하고 일부 혼잡 구간을 확장하고 보완 정비할 수 있는 예산을 확보하기로 했다. 드디어 12억 원의 추가예산을 확보했다. 데크길을 부분 확장하고 장애인 램프 시설을 추가 설치해 어르신, 어린이 등 보행 취약계층이 편안하게 숲길을 이용할 수 있도록 했다.

더하여 2023년 4월 1일, 숲 안쪽으로 깊이 들어가며 조용한 자연 숲길을 산책할 수 있는 800m의 오솔길을 열었다. 이 오솔길 구간은 그동안 출입이 금지되던 구간이어서 평지만으로 이루어진 기존 숲길과는 차별하여 가파른 언덕길을 체험할 수 있다. 자연 그대로인 그 길을 걸으면서 국내에서 유일한 온대 중부 저지대 고유의 낙엽활엽수림과 광릉숲을 대표하는 다양한 자생식물들을 만날 수 있는 소중한 길이다. 맨발걷기가 유행인 요즘에는 맨발로 오솔길

2023년 4월 1일에 추가 개통된 광릉숲길의 오솔길 구간 입구

을 걷는 분들도 많다. 오솔길을 열면서 그동안 못내 아쉬웠던 마음을 조금이나마 해소할 수 있었다.

자동차 없는 광릉숲은 앞으로 꼭 이루어내야 할 과제다. 차가 다니지 않게 되면 기존 2차선 아스팔트 길은 아이들의 놀이터가 될 것이다. 유모차가 다니고 휠체어를 타고도 숲을 느낄 수 있는 널찍한 길이 새로 생기게 되는 셈이다. 주말이면 찻길을 따라 농부시장Farmers Market도 열리고, 아이들이 거북이 마라톤도 하게 될 것이다. 맑고 깨끗한 공기를 사람과 나무, 풀, 새들이 마음껏 호흡할 수 있게 될 것이다. 차 없는 광릉숲길은 포기할 수 없는 숙제다.

03
광릉숲의 가치발굴을 통한 공간 전략

광릉숲은 국제보호구(유네스코 생물권 보전지역, 유네스코 세계유산)로 지정되어 있을 뿐 아니라 문화재보호구역, 시험림, 자연환경보전지역 등 국내법에 따라 관리되고 있다. 연구진은 산림청, 문화재청의 심의 과정을 염두에 두고 숲길 조성을 계획했다. 적정수준의 숲 개방은 환경보전의 방식 전환과 지역사회를 위한 공진화를 모색하는 매개가 될 수 있다고 믿었기 때문이다. 실질적으로 유네스코 생물권 보전지역은 생물다양성의 보전과 지속가능성만을 요구하지 않는다. 지역사회와 공존하며 어떻게 조화롭게 인간과 환경이 지속가능한 삶을 영위할 수 있는지에 대한 문제를 고민하고 있다.

서울대 연구팀은 광릉숲의 보존 방식에 관한 생각 전환을 기대했다. 연구팀은 숲 일부를 상시로 개방함으로써 기존 관 주도의

현장 조사 중인 서울대 연구팀

'보수적인' 태도에서 성숙한 시민의 '능동적 참여'가 숲을 보전할 수 있는 시대 요구라는 내 생각을 그대로 반영해 주었다. 광릉숲을 걸으면서 대상지에 대한 보존의 가치 의식을 고양하며 인간과 자연의 조화로 이끈다는 것이다. 나는 차 중심의 수목원 관통 길에 대해 논의가 필요하다고 지적했다. 연구팀은 사람의 출입은 막으면서 광릉숲을 관통하는 차도만이 허용하는 모순에 대해 반박할 수 있는 사료들을 찾기 시작했다. 정조실록에서 흥미로운 내용을 찾아냈다.

정조실록 35권(정조 16년 9월 11일) 중 발췌, '광릉 주변에서 지켜야 할 예의를 전교하다'

"(대소인원개하마)" 어른과 아이 할 것 없이 모두 말이나 가마에서 내려라. "… 들으니 이 길(현재 국립수목원로)을 많이 왕래한다고 하니 이 또한 일절 금지할 수만은 없다. 홍살문 앞을 지날 때에는 시끄럽게 떠들며 지나가지 말게 하고 서동구의 하마下馬하는 곳도

"신분 계급에 상관없이 이곳을 지나는 사람들은 모두 말에서 내려라." 조선 왕릉의 하마비 중 유일하게 남아 있는 광릉 입구의 하마비

다소 경계를 멀리 정한 다음 나무를 심을 만한 곳은 나무를 심는 것을 모두 연교筵敎에 따라 시행하라…."

절대 권력도 사람들이 그 권력의 정통성을 상징하는 왕릉 주변을 걸어 다니는 것을 막지 않고 예의를 지켜 걸어 다니라고 주문했다. 대신 주변에 더 많은 나무를 심어서 더욱 신성한 공간으로 만들라 한 것이다. 분명 1970년대 권위주의 시대에 만들어진 관행이었을 게 뻔한 현재의 도로는 사람의 보행은 막고 꼬리에 꼬리를 물고 달리는 자동차들은 소음과 매연을 숲에 남기고 간다. 정조대왕이 보시면 뭐라 하실까. 뭔가 잘못되어도 한참 잘못되었다. 걷는 길을 만드는 것은 민주화된 시대의 요청이었다.

풀솜대 군락

연구진은 광릉숲을 여러 차례 답사하며 장소적 가치를 읽어내기 위한 신중한 과정을 거쳤다. 광릉숲이 지닌 생태적 자원에 대한 충분한 관찰과 인문적 연구가 바탕이 된다면 단순한 3.8km의 목재 데크로 포장된 숲길이 아니라 지역의 이야기가 풍부한 수목원 가는 길이 될 것이고, 주민에게는 지역의 자긍심이자 애착의 장소가 될 수 있을 것이었다.

도로 건설과정에서 생겨난 전나무 교통섬은 당시 폭 1.7m 정도로 전나무 뿌리 생육에 충분하지 않은 공간이었다. 게다가 잦은 충돌로 나무 기둥은 보호대를 둘러싸고 있는 모습이었다. 콘크리트 포장은 전나무 뿌리의 생장을 막고 전복할 우려가 있었다. 연구

고사리 군락

진은 교통섬의 전나무를 보식하여 전나무끼리 연결하여 보호하는 방법Tree Care Bracing을 선택했다. 광릉지의 기록[02]에서도 과거 이 숲은 1,000명의 관원이 있듯 전나무가 빽빽하게 자라고 있었다.

먹거리가 귀하던 시절, 옛 광릉 주변의 주민들은 큰 돌로 상수리나무 허리를 세게 쳐 떨어진 도토리를 주워 먹었다고 했다.[03] 그로 인해 나무정원 구간에는 허리에 구멍이 난 상수리나무가 남아 있다. 상수리 숲 하부는 풀솜대, 취나물, 참나물, 비비추, 둥굴레 등

02 "…지세가 존엄하여 하늘과 함께 거대하니, 날아오는 듯한 운악산이 하늘나라에 맞닿았다." (광주지, 김동석, 이태희 역(2012), p.144)

03 "…봄, 여름의 산나물과 초가을의 잣, 산과, 인삼, 산약 등의 여러 가지 역료는 모두 땅에서 산출되는 것이다. 그러므로 이들을 핑계 대면서 투작하는 사람이 많으며 또한 불조심하지 않는 폐단도 있다" (위의 책, p.193)

나무정원 구간에는 허리에 구멍이 난 상수리나무가 남아 있다.

의 식용 풀이 자라고 있었다. 연구진은 숲속 나물의 꽃과 잎은 우리 정원의 중요한 식물 소재가 될 수 있다는 점을 부각했다.

도로가 함몰되거나 폭이 너무 좁은 경우, 교량에서 보도를 내는 일은 경찰청과 협의가 필요했다. 능내교는 당초 2차선 도로에서 1차로 도로를 좁히는 기존 교량에 보행로를 설치하는 방법을 제안했다.

04
광릉숲길 10경

광릉숲 정원길은 숲을 이루는 문화적 이야기와 경관, 풀과 나무, 물, 각종 생명체 등의 자연 요소에 의미를 부여하고 미적 차원에서 재구성하는 것을 원칙으로 계획되었다. 현장에서 읽어낸 숲의 생태적, 문화적, 감각적, 정서적 가치들을 발굴하고 드러내게 하겠다는 것이다. 그리하여 이 길을 걷는 주민들에게 숲을 깊이 감상하고 자연 존중과 자연에 대한 배려를 배우는 기회를 제공하고자 했다. 또한 생물권 보전지역으로서의 보전과 식물 자원 연구에 중심을 두고 있던 국립수목원에 대한 제한된 인식을 벗어나, 주민들이 직접 참여하고 누리는 경험을 통해 숲의 보전에 대한 필요성을 더 깊게 체감하도록 하는 목적도 추가되었다. 더불어 이 길은 환경과 문화 교육을 위한 도구의 기능도 할 수 있을 것이었다.

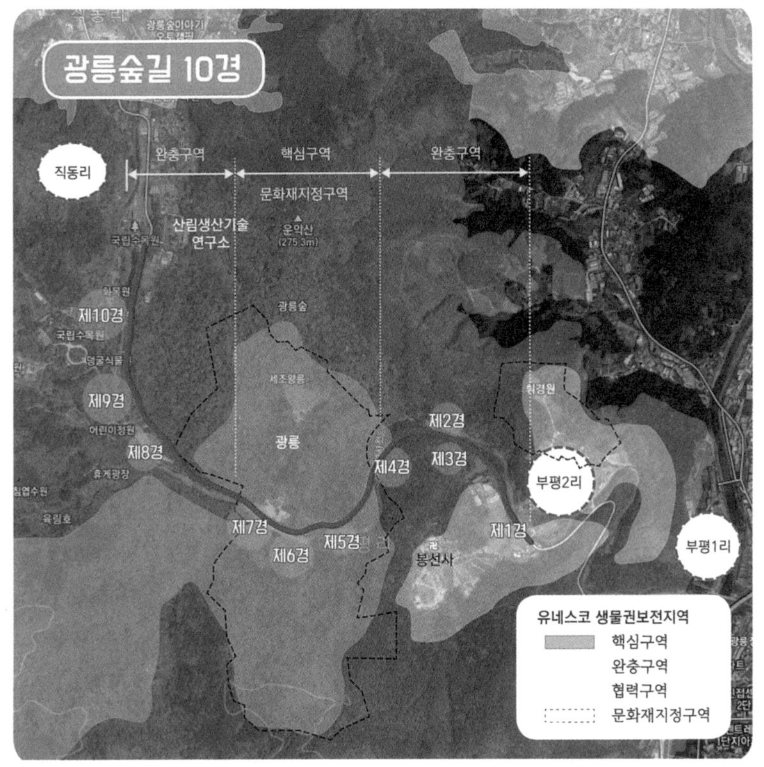

ⓒ국립수목원

연구팀은 지형뿐만 아니라, 자생식물과 동물에 대한 조사, 지역 주민들의 광릉숲에 대한 경험, 전해오는 이야기 등을 채록하여 길 안에 12경의 개념을 넣자고 했다. 길은 담장의 안과 밖을 넘나들며 광릉숲을 경험하게 한다는 원칙에 따라 다양한 숲길 경험을 유도하는 것으로 계획했다. 하늘을 가리는 수관 속에서 거닐며 숲을 경험할 수 있는 오솔길 형 숲길, 트인 경관에서 넓게 펼쳐진 숲을 전망할 수 있는 열린 숲길, 수직적이고 빽빽한 숲 공간에 둘러싸이는 듯한 경험을 할 수 있는 숲길, 식생을 관람할 수 있도록 집중하게 하는 숲길 등이 바로 그것이다. 이 원칙에 따라 '광릉숲 걷고 싶은 길' 12경 테마가 완성되었다.

1경. 맞이길 정원
2경. 전나무 복원 숲 : 광릉숲을 지켜온 전나무 노거수들을 기억하는 구간, 추가 보식으로 상징 수림대 이미지 강화
3경. 사계 찬미 : 광릉숲의 사계절 경관 변화를 한눈에 조망할 수 있는 오픈 스페이스, 능내교 위의 파노라마 경관
4경. 나물 정원 : 광릉숲에 자생하는 식용식물과 유실수로 조성되는 정원
5경. 산새 소리 정원 : 광릉숲에 사는 산새와 동물을 관찰하고 새소리를 감상하는 정원
6경. 사색의 정원 : 자생하는 고사리류와 이끼로 꾸민 정원
7경. 자연 놀이터 변경. 광릉 가는 길
8경. 물의 정원 : 운악산을 주산으로 하는 광릉의 좌우 물길이 합류하는 봉선사천의 개방 수면을 완상하며 광릉숲의 유구한 역사를 체감하는 정원
9경. 단풍 숲과 놀이터 : 복자기, 당단풍 등 단풍이 아름다운 광릉숲의 가을 경관 조망하는 공간
10경. 작은 수목원
11경. 메타세쿼이아길 : 봉선사천을 따라 열을 지어 있는 40여 그루의 메타숲을 즐기는 공간
12경. 전나무길 : 전나무 숲 소요하며 숲 정원길 코스를 마무리하는 공간

서울대 환경대학원 연구용역 결과가 마음에 들었지만, 한편으로 아쉬운 생각도 들었다. 우선, 차 없는 길은 훗날의 과제로 미뤄지게 되었다. 우회 도로가 확보되어 있지 않아 남양주시 진접읍 부

국립수목원의 대표적 산책로인 전나무 숲길

평리와 포천시 직동리, 고모리를 연결하는 기존 자동차 길을 자주 이용하는 주민들이 불편해지고, 인근 식당과 카페 등을 운영하는 분들이 선뜻 동의해주지 않았기 때문이다. 아울러 나는 숲길을 원형을 보존하면서 흙과 풀을 밟을 수 있는 길로 조성되기를 바랐지만, 데크길로 조성하는 것으로 결론이 났다. 국립수목원의 의견은 일리가 있었다. 광릉숲은 낙엽과 퇴적물이 겹겹이 쌓여 있어 질척거리고 걷기 불편하다는 것이다. 당연히 흙길은 유모차나 장애인용 휠체어가 다니기 어렵다. 그리고 낙엽과 수풀 퇴적물은 그것대로 보존될 가치가 있다는 점도 고려되었다. 데크는 관리가 용이하고 걷기 편하며, 지표면과 일정 공간을 띄어 공중에 조성되기에 숲 훼손을 최소화할 수 있다.

광릉숲길 코스도 나는 기존 자동차 길과 일정 거리를 두어 자동차 소음에 방해받지 않고 '숲속에 온전히 들어와 있는 오솔길'을 상상했지만, 지형상 무리가 있었다. 숲 안으로 쑥 들어오는 코스는 가파른 비탈, 뱀 출현, 축축한 습지 등의 난관이 도사리고 있어 내 생각대로 조성되기는 어려웠다. 봉선사천 일부 구간은 천연보호종인 수달의 서식지도 있어 사람들이 가까이 접근하도록 해서는 안 된다는 문제 제기도 있었다. 그렇지만 내가 바라던 오솔길은 뒤늦게 2023년 상반기에 추가로 개설되었다. 코스는 길지 않지만 깊숙한 숲을 느낄 수 있어 좋다.

'9경 단풍숲과 놀이터 구간'은 본래 국립수목원에서 반송 등을 임시로 심어둔 공간으로 쓰이던 곳이다. 전체 광릉숲길에서 흔치 않은 가용 부지이기도 하거니와 봉선사천을 끼고 맞은편으로 보이는 숲은 가을에 특히 복자기 단풍이 아름다운 공간이다. 이곳에 아이들을 위한 자연 놀이터를 계획해달라고 서울대 연구진에게 부탁했다. 그러나 2019년 5월 광릉숲길 준공식 때는 예산의 한계로 두세 개 정도의 어린이 놀이시설물을 설치하는 것으로 9경을 마무리해야 했다. 당시 광릉숲길 기본계획에 참여했던 서울대 연구진은 이를 안타깝게 생각했다. 그 연구진 중에는 시민단체인 재단법인 서울그린트러스트Seoul Green Trust [04] 운영위원이 있었다. 그는 그 단

---

04 서울그린트러스트는 2003년 사단법인 생명의숲국민운동과 서울시 간에 서울그린트러스트 협약을 체결하여 '서울그린비전 2020'을 바탕에 두고 출범했다. 2005년부터 2021년까지 서울숲공원을 경영해왔고, 시민과 기업의 자원봉사를 통한 도시숲과 도시공원 가꾸기를 진행하며, 다양한 학술 행사를 진행하는 등 도시공원에 대한 시민의 인식 개선과 도시의 녹색 가치를 실현하는 다양한 활동을 지속해가고 있다(https://greentrust.or.kr/about).

KB 국민은행의 후원으로 조성된 광릉숲길 9경 공간의 '도깨비와 요정들의 숲정원' ⓒ유청오

체에 어린이정원 프로젝트를 제안했다. 운영위원 중에 이유미 국립수목원장이 있었던 것도 큰 힘이 되었다.

서울그린트러스트는 서울의 생활권 녹지를 확대, 보존하고 쾌적한 도시환경을 만들기 위해 활동하는 비영리 재단법인이다. 이 단체는 같은 해 5월 국내 최초로 시민들이 기금을 모으고 나무를 심어 서울숲공원을 만들었다. '시민 참여형 공원'을 최초로 만들어낸 단체이기도 하다. 서울그린트러스트는 '정원문화클럽'을 별도로 운영해왔는데, 2014년부터 공익사업으로 어린이 놀이 공간 프로젝트를 진행해오고 있었다. 해마다 아이들에게 친자연적인 디자인의 놀이 정원을 선물하고 있다. 아이들에게 일상에서 자연을 만날 기회를 제공하려는 목적이다.

2020년 국립수목원과 서울그린트러스트 정원문화클럽은 KB 국민은행의 후원을 받아냈다. 그리하여 아쉽게 마감했던 광릉숲길 9경 공간에 광릉숲의 자연환경과 숲의 부산물을 이용한 어린이 놀이 공간이 조성되었다. 일종의 와일드 가든Wild Garden이다. 상상력을 제한하는 틀에 박힌 아파트 놀이터에 익숙한 우리 어린이들이 자연 그대로의 나무 기둥 위로 올라타기도 하고 껴안아 보기도 하며 온전한 광릉숲을 느낄 수 있는 곳이다. 서울그린트러스트 재단은 태풍으로 고사한 수목원 내 전나무를 활용하여 자연 트랙을 조성해주었다. '도깨비와 요정들의 숲정원'이라는 이름을 붙인 이 공간은 2022년 제11회 대한민국 조경 대상에서 산림청장상을 받았다.

ⓒ유청오

2부

광릉숲의 가치를 만나다

01

광릉숲,
유네스코 생물권 보전지역

광릉숲에서 호랑이는 언제 사라졌을까. 호랑이는 단군신화에서 시작하여 옛날이야기에 단골로 출현하고 88올림픽의 마스코트에도 등장하는, 우리 민족과 특별한 인연을 가진 동물이다. 1897년 고종 8년에 광릉숲에서 호랑이가 나타났다는 기록이 있으니, '호랑이 담배 피우던' 그리 오래된 시절은 아니다.[01] 광릉숲의 상징인 크낙새도 20여 년 전부터는 더 이상 보이지 않는다. 천연기념물인 장수하늘소도 사라졌다가 몇 년 전에 간신히 복원에 성공했다.

인류의 역사는 어쩌면 지구상에서 함께 살던 동물들이나 식물들을 하나하나 추방해온 과정이기도 하다. 이미 멸종된 동물들 외

01 김은경, 이해주, 이정호 지음, 광릉숲 600년 1, 산림청 국립수목원, 2019, p.136

유네스코 인간과 생물권 계획MAB이 발행한 광릉숲 유네스코생물권 보전지역 지정 증서와 지도 ⓒ국립수목원

에 멸종 위기에 처해 있는 동물도 수없이 많다. 이제 인류 호모사피엔스야말로 멸종위기에 처한 동물이다. 생태학자 최재천 교수의 말이다. 인간들은 인류가 지구상에서 사라지는 것이 지구의 종말일 것으로 생각하는데, 지구상에서 인류가 사라진다면 다른 생물들은 살판 날 것이라는 주장이다. 지구의 환경을 파괴하여 생태계에 교란을 일으키고 동물들을 멸종으로 몰아넣은 동물은 바로 인류이기 때문이다. 무분별한 개발과 환경 파괴로 생물들이 하나하나 사라지면서 생태계의 균형이 깨지고 자연환경이 무너진다. 그

래서 생물다양성은 인간의 삶을 유지하는 데 핵심적인 요소이다.

광릉숲은 생물다양성의 보물창고다. 무려 6,251종의 생물이 어우러져 살아가고 있다. 단위 면적당 생물의 개체수가 설악산보다 훨씬 많다. 대한민국 1위다. 수리부엉이, 까막딱따구리 등의 조류 18종, 하늘다람쥐, 장수하늘소 등의 천연기념물이 살아가고 있으며, 광릉요강꽃, 광릉물푸레나무, 공릉골무꽃과 같은 희귀식물도 살고 있다.

그래서 유네스코는 2010년 광릉숲을 '생물권보전지역Biosphere Reserve'으로 선정했다. 유네스코 인간과 생물권 계획MAB : Man and the Biosphere Programme 국제조정이사회의 결정이었다. 생물권보전지역은 유네스코가 주관하는 보호지역(생물권보전, 세계유산) 중 하나로, 세계적으로 뛰어난 생태계를 대상으로 지정한다. 여기서 보전conservation이란 안전하고 건강한 상태를 유지한다는 개념이다. 원래 상태를 그대로 유지하는 보존preservation이나 훼손을 방지하는 보호protection의 개념과는 다르다.

유네스코 인간과 생물권 계획MAB 사업은 동·식물, 대기, 해안 등의 자연과 인간을 포함한 전체 생물권에 인간이 미치는 영향을 연구하고 능력을 배양하기 위해 추진하고 있는 정부 간 프로그램이다. 1976년 벨라루스 민스크에서 열린 국제 생물권보전지역 총회에서 57곳이 처음으로 지정되었으며 2022년 기준으로 134개국 738곳에 이른다. 우리나라에서는 광릉숲 외에도 설악산(1982년), 제주도(2002년), 신안 다도해(2009년), 고창(2013년), 순천(2018년), 강원

생태평화(2019년), 연천 임진강(2019년), 완도(2021년) 등 9개의 생물권보전지역이 지정되어 있다. 북한에는 백두산(1989년), 구월산(2004년), 묘향산(2005년)이 지정되었다. 광릉숲은 국내에서 네 번째, 한반도에서는 일곱 번째로 선정된 생물권보전지역으로, 수도권 안에 자리 잡고 있다는 점에서 의미가 크다.

유네스코 생물권보전지역 광릉숲의 총면적은 약 25,000ha인데 여의도 면적의 30배에 달한다. 소리봉과 죽엽산을 중심으로 한 천연활엽수 극상림 지역이 핵심지역이다. 핵심지역을 둘러싸고 산림 생물에 관한 연구가 이루어지고 있는 국립수목원, 산림생산기술연구소, 시험림, 문화재청 소관의 능림(陵林)과 봉선사 사찰림이 완충지대를 이루고 있다. 주거지나 경작지 등으로 구성되어 지속가능한 개발 등의 경제활동이 이루어지는 협력지역은 광릉숲 영향권 내의 포천시, 남양주시, 의정부시 일대에 분포되어 있다. 광릉숲 생물권 보전지역의 협력지역인 포천 인근에는 포도 재배 농가들이 꽤 있다. 이곳에서 생산되는 포도는 수목원 포도라고 이름 붙여 팔린다. 생물권 보전지역보다 국립수목원이 먼저 사람들에게 각인된 탓일 것이다. 수목원 포도는 맛이 좋아 인기가 높다.

광릉숲은 일제 강점기와 한국전쟁 당시에도 화재 없이 550여 년간 자연림으로 잘 보존되어온 곳이다. 광릉숲이 유네스코 생물권보전지역으로 지정됨에 따라 세계적으로 광릉숲이 생물다양성의 보고임을 인정받게 되었다. 이곳은 생물권보전지역 내에 유네스코 세계문화유산으로 지정된 광릉이 포함되어 있어 더욱 의미가 크다. 지하철 4호선을 타고 진접역에 내린 후, 전기차나 수소차(수소로 전기를 만들어 달리는 전기차) 셔틀버스를 타고 광릉숲에 이른다. 광릉과 국립수목원 일대에서 생태교육 관광을 즐긴 뒤, 자동차 길을 막고서 열리는 인근 지역의 농산물이나 수공예품 등을 파는 광릉숲 장터에 들른다. 아이들은 숲속에서 뛰논다. 나는 광릉숲의 이런 날을 꿈꾼다.

02

세조, 광릉숲을 선물하다

광릉숲의 모태는 조선 7대 왕 세조가 묻힌 광릉이다. 그가 우리에게 준 큰 선물에 감사하지 않을 수 없다. 하지만 조선시대 왕 중에서 그만큼 권력의 잔인함, 무상함, 인간의 유약함을 극적으로 보여주는 모델이 또 있을까. 그는 조카 단종에게서 왕좌를 빼앗은 후, 단종을 복위하려 했다는 이유로 사육신으로 불리는 신하들의 가문을 도륙했다. 게다가 친동생, 조카 단종과 형수까지 죽인 폭군의 화신이었다. 그의 시대는 그야말로 숨 막히는 피의 드라마다.

세조는 1417년, 세종과 소헌왕후의 차남으로 태어났다. 문(文)에 몰두한 장남 문종이나 서예, 음악에도 재능이 있었던 예술가인 동생 안평대군과 달랐다. 세조는 거침없고 욕망이 강한 인물이었다. 그는 처음에는 진평대군으로 불리다가, 몇 년 후에는 함평대군, 진

제향을 모시는 정자각을 사이에 두고 뒷쪽으로 왼쪽으로는 세조의 능, 오른쪽으로 정희황후의 능이 자리잡고 있다. 이런 형태의 능을 동원이강릉이라고 한다.

양대군으로 봉해져 10년 이상 그 이름으로 불리었다. 그러다가 또 다시 수양대군(首陽大君)으로 바뀌었다. 조선왕조 기간 이렇게 봉호를 3번이나 바꾼 경우는 세조가 유일하다고 한다.

조선시대 최고의 성군으로 꼽히는 세종의 권좌도 사실 그의 아버지, 태종이 뿌린 골육상잔의 피로 다져진 자리였다. 세종은 자신이 죽고 난 이후 왕실의 안위에 대해 걱정이 많았을 것이다. 당연히 그중에서도 혈기가 왕성한 수양대군이 제일 걱정스럽지 않았을까. 1453년, 조선왕조 역사상 가장 참혹했던 정변이 일어났다. 수양대군은 한명회, 신숙주 등 측근들과 짜고 김종서, 황보인 등 조정 중신들을 철퇴 등으로 학살했다. 계유정난이다. 12살 소년이던 조카 단종을 내쫓고 왕위에 올랐다. 단종의 복위를 기도했다고 사육신으로 불리는 이들과 가족들까지 수많은 이들의 목숨을 빼앗았다. 조선왕조실록 등의 공식적 기록에 등장하는 처형된 이들만도 200여 명에 이른다. 소름 끼치는 역사다.

피비린내 나는 살육전으로 정권을 잡은 세조는 즉위한 이후에는 변신을 시도했다. 살생을 금하고 자비행을 권하는 불교에 귀의했다. 업보를 풀기를 바랐으리라. 곳곳의 절을 참배하고 큰 절을 짓는 불사를 펼쳐 조선왕조에서 유일하게 불교를 후원한 왕으로 전해진다. 1919년 3·1 독립항쟁의 서막을 열었던 서울 종로 탑골공원 자리에 있던 원각사도 1465년 세조의 명으로 지었다.

1468년, 세조는 왕위에 오른 지 13년 만에 세상을 떠났다. 죽기 전에 극심한 피부병으로 고생했다 한다. 아들 예종에게 왕위를 물려주면서 "죽으면 속히 썩어야 하니, 석실과 석곽을 마련하지 말라"는 유언을 남겼다. 겨우 52년 살면서 그렇게 많은 악업을 쌓은 그가 죽음에 이르러서는 속히 육신에서 벗어나고 싶었던 것이었을까. 아니면 석곽 조성에 동원될 수많은 백성으로부터 사게 될 원성이 걱정이었을까.

1483년, 남편 세조가 떠난 지 15년 만에 정희왕후 윤 씨가 세상을 떠났다. 세조의 무덤과 같은 골짜기에 있는 다른 언덕에 정희왕후의 능이 자리 잡으면서 오늘날 광릉의 모습이 완성되었다. 이

'큰법당'이라는 한글 현판이 눈에 띄는 봉선사 대웅전 ⓒ봉선사

렇게 양쪽으로 조성된 왕릉을 동원이강릉(同原異岡陵)[02]이라고 하는데, 이 형태는 조선 왕릉 중 최초로 조성된 것이었다. 나란히 있는 두 개의 능은 세조에 못지않은 권력을 누린 정희왕후 생전의 모습을 보여주는 듯하다.

광릉숲에는 조계종 25교구 본사인 봉선사가 있다. 원래 봉선사 자리에는 969년(고려 광종 20)에 법인국사 탄문(坦文)이 창건한 운

02 두 개 이상의 봉분이 각자 다른 언덕에 배치된 형식으로 총 7기의 능이 있다. 현릉(顯陵), 광릉(光陵), 경릉(敬陵), 창릉(昌陵), 선릉(宣陵), 목릉(穆陵), 명릉(明陵)이 동원이강릉에 해당한다. 국립문화재연구원(https://royaltomb.nrich.go.kr/royalTomb/intro/index.jsp)

악사라는 절이 있었는데 세종 때 철폐되었다고 한다. 정희왕후는 이곳에 89칸 규모로 절을 중창하고 봉선사(奉先寺)라고 하였다. 남편 세조를 추모하고 그의 능을 보호하기 위한 목적이었다. 선왕의 능을 받들어 모신다는 뜻으로 봉선사로 명명된, 세조의 명복을 빌던 원찰이었다. 봉선사는 임진왜란, 병자호란, 한국전쟁 등으로 여러 번 불에 타는 비운을 겪었다. 현재 모습은 1960년대 이후 재건된 모습인데, 우리나라 최초로 한글로 쓰인 '큰 법당'이라는 현판이 눈길을 사로잡는다.

여러 번 불에 탔던 사찰 건물과 달리 500년이 넘도록 꿋꿋하게 살아남은 정희왕후가 심은 봉선사 입구의 느티나무

세조가 묻히기 전 광릉숲은 나라에서 쓸 큰 나무를 기르는 숲이자, 왕실 일가가 사냥을 즐기던 사냥터였다고 한다. 세조의 능이 광릉으로 명해지면서 이 숲에 이름이 생겼고 왕의 숲이라는 특별한 의미가 더해지게 되었다.

03

광릉숲과 국립수목원

우리나라는 국토 면적의 66%가 산림이다. 임야의 관리는 산업과 국민 경제뿐만 아니라 환경보전 측면에서도 무척 중요하다. 특히 기후위기 시대에 들어서면서 더욱 의미가 커졌다. 국립수목원은 광릉수목원으로 불리었는데 1987년 개원한 이래로 천연수목원의 역할과 우리나라 최초의 수목 연구기관으로서 소명을 지켜왔다. 광릉수목원이 국립기관이 된 것은 1999년 김대중 정부 때다. 광릉숲 보전의 종합 대책으로 임업연구원 중부 임업시험장으로부터 독립하여 국립수목원으로 격상되었다. 광릉숲은 1468년 세조 무덤 광릉이 조성된 이후 국가 차원에서 550여 년 동안 관리되어 온 곳이다. 조선왕조는 관리들을 파견하여 능과 그 주변 숲을 지키게 했다. 능을 관리하는 능관(陵官)에게는 임금의 무덤이 야수들이

산림생물표본관(위) 산림곤충스마트사육동(아래) ⓒ국립수목원

국립수목원 내 전문전시원 중의 하나인 덩굴식물원
©국립수목원

나 벌목꾼들로부터 훼손되지 않도록 감시하는 역할을 주었다.[03]

광릉이 자리하기 전, 이 숲은 왕의 수렵과 군사 훈련을 위하여 벌목이나 경작을 금지했던 울창한 산림이었다. 이런 곳을 강무장(講武場)이라고 했다. 이후 왕릉의 조성과 더불어 더욱 철저한 관리로 주변의 숲이 보호되었으니 점점 더 울창해졌을 것이다. 능 주변에 나무를 심는 식재는 왕릉을 조성하면서부터 시작했고, 이후 숙종, 영조, 정조대에 나무를 심게 했다. 특히 정조대왕은 묘역 내숲의 훼손된 수목을 교체하여 보충하여 심는 것에 전념하라고 명령했다고 한다. 심은 소나무의 숫자와 파종한 도토리의 자라는 밀도를 보고하도록 할 정도였다.[04]

울창한 숲은 식물뿐만 아니라 동물의 천국이 된다. 왕릉이 조성된 이후 사냥이 금지되면서 숲에는 맹수인 호랑이, 표범, 늑대부터 온갖 짐승들이 서식하게 되었다. 17세기의 기록에 따르면 전국에서 호랑이들이 출몰해 사람을 해치는 일이 잦아지자 정부에서 나서서 호랑이를 포획하기 시작했다. 이 시기는 국가적으로 농업 확장 정책과 인구 증가로 숲 대부분이 목재와 연료로 활용되었다. 이는 전국적인 산림 황폐화로 이어졌고 호랑이들은 먹을 것이 더욱 궁해지게 되었다. 능침 숲은 수목을 베는 것이 금지되었으니 호랑이들에게 좋은 은신처가 되었다. 18세기 광릉 인근에서 호랑이가 출몰했다거나 사람을 공격했다는 기록이 있는 것은 호랑이들이

03 김은경, 이해주, 이정호, 《광릉숲 600년 1》, 산림청 국립수목원, 2019, 86쪽

04 《비변사등록》, 정조 22년(1798년) 8월 17일 김은경, 이해주, 이정호 위의 책 109쪽에서 재인용

1929년 광릉숲 안의 시험 묘포장 ⓒ국립수목원

많이 살았다는 증거다.[05]

광릉숲은 일제 강점기가 시작된 이듬해인 1911년, 이씨 왕가의 능묘 부속지를 제외한 지역이 '갑종요존예정임야(으뜸으로 보존될 예정인 임야)'로 편입되었다. 이듬해 이곳에 조선총독부가 임업 시험지를 설치했다. 일제 강점기에 광릉숲을 돌본 아사카와 다쿠미는 임업시험장의 평직원으로 19년동안 수종을 직접 골라 심고 가꾸는데 열정을 쏟았다. 한국에 대한 애정이 있었고 한복을 즐겨 입던 그는 생을 마감하고 망우리 묘지에 묻혔다.[06]

이렇게 국가의 관리 아래 훼손되지 않고 560여 년 동안 살아남은 광릉숲은 오늘날까지 국립산림과학원, 국립수목원, 문화재청 국유지와 봉선사 소유지를 합하여 약 2,400ha의 넓은 지역에 걸쳐 있다.

---

05 《광릉숲 600년 1》, 산림청 국립수목원 14

06 황호택, 《아주경제》 2020년 4월 7일

① 노랑어리연꽃
② 광릉요강꽃
③ 구상나무
④ 꼬리진달래
⑤ 미선나무
⑥ 미치광이풀

광릉숲은 생태적으로 매우 우수한 숲이다. 전 세계적으로도 온대 북부 지역에서는 찾아보기 힘든 온대 활엽수 극상림을 이루고 있다. 극상림(極相林)이란 구성 수종이나 양이 크게 변화하지 않는 안정된 산림을 말한다. 아무리 변화가 작은 극상림일지라도 나무에는 수명이 있다. 나무는 수백 년을 살 수는 있어도 수천 년은 살 수 없기 때문이다. 변화가 멈춘 것처럼 보이는 숲에도 항상 세대교체가 일어나고 있다. 천연림에도 바람에 쓰러지거나 잘리고, 병충해를 입어 죽어 있는 나무가 상당히 많다. 큰 나무가 쓰러지면 어두웠던 숲 천장에 커다란 구멍이 난 듯 숲 바닥이 밝아진다. 이런 상태가 되면 그동안 자라지 못하고 있던 수많은 작은 나무들이 질세라 앞을 다투며 쑥쑥 자라난다.

천연기념물 제218호 장수하늘소 ⓒ국립수목원

광릉숲은 우리나라에서 단위 면적당 가장 많은 생물종이 서식하고 있는 생물다양성의 보고이다. 국립수목원의 가장 중요한 기능은 광릉숲을 보전하여 역사적, 문화적, 생물학적 가치를 후세대에 온전하게 전하는 것이다. 일반 산지에 비해 광릉숲은 졸참나무, 굴참나무, 서어나무, 소나무의 거목들이 잔존하는, 우리나라에서는 유일한 비(非) 고산지대의 성숙림 생태계라는 중요한 의미도 있다. 광릉숲에서 처음 확인되어 광릉요강꽃, 광릉골무꽃이라 이름 붙은 식물도 있다.

광릉요강꽃은 멸종위기 야생생물 1급으로 우리나라에서 가장 꽃이 큰 난초다. 복주머니란 속에 속하는 식물로 주머니 모양의 꽃이 달리며 세계적으로 중국, 타이완, 일본 등에 분포한다. 우리나라에서는 1931년 경기도 광릉 지역에서 처음 발견되었으나, 꽃이 크고 화려하여 불법 채취가 끊이지 않아 보호가 필요한 종이다.

이곳에서만 살고 있는 특별한 동물들도 있다. 멸종위기 야생생물 1급이자 천연기념물 218호인 장수하늘소는 한반도, 중국, 러시아 등 동아시아 북부에 분포하는 북방계 곤충이다. 동아시아산 딱정벌레 중 가장 크다. 광릉숲에서만 발견되는 보호가 필요한 종으로, 현재 국립수목원에서 보전 및 증식 등 활발한 연구가 수행 중이다. 앞가슴등판 좌우에 있는 잔털로 된 두 쌍의 회황색 점무늬가 특징으로, 보존이 잘 된 오래된 숲에서 서식하며 유충은 서어나무, 신갈나무, 물푸레나무 등과 같은 큰 나무의 고사목 속을 파먹고 산다. 성충은 참나무류의 수액을 먹고 산다.

국립수목원은 2017년부터 확보한 야생 장수하늘소들로부터 알을 받아 복원 연구를 수행했다. 또한 2019년 8월에 광릉숲에서 발견된 장수하늘소를 문화재청 국립문화재연구소와 공동으로 실내에서 산란 등 연구를 수행하고, 수컷 1개체를 광릉숲에 방사하는 등 서식지 내 복원 연구를 지속하고 있다.

하늘다람쥐는 천연기념물 제328호로 북부 유라시아 대륙의 숲에서 서식하는 다람쥐과의 동물이다. 앞, 뒷다리 사이에 날개 역할을 하는 비막(飛膜)으로 나무와 나무 사이를 날아서 이동하며, 침엽수와 활엽수가 섞인 오래되고 건강한 숲에서 서식한다.

까막딱따구리는 천연기념물 제242호로 활엽수와 침엽수가 섞인 울창한 숲에 사는 텃새이다. 참나무, 소나무 등의 고목이나 노거수에 구멍을 뚫고 둥지를 틀고 산다. 유라시아 대륙에 널리 분포하며 전 세계적으로 1,600만 마리가 서식한다고 한다. 국내에서는 산림 훼손으로 서식지가 감소되어 매우 드물게 발견되고, 광릉숲에서도 까막딱따구리의 모습이 점차 줄어들고 있어 많은 관심이 필요하다.

광릉숲에는 국내 최고의 산림 생물종 연구기관인 국립수목원이 자리 잡고 있다. 산림 식물에 대한 조사, 수집, 증식, 보존과 산림생물표본을 수집하고 분류하며 표본을 제작하고 보관하는 일도 하고 있다. 국내외 수목원 간 교류 협력하고 유용식물을 탐색하여 확보하며, 산림 식물 자원에 대한 정보를 등록하고 유출입을 관리하는 일도 겸하고 있다. 산림에 대한 국민 교육 및 홍보와 광릉숲

① 하늘다람쥐
② 곤줄박이
③ 까막딱따구리
④ 너구리
⑤ 수리부엉이
⑥ 오색딱따구리

산림박물관 전경 ⓒ 국립수목원

의 보존을 위한 업무도 빼놓을 수 없다.

국립수목원에는 1984년부터 조성하기 시작하여 1987년에 완공된 전문 전시원이 있는데 식물의 특징이나 기능에 따라 24개로 구성되었다. 관상 가치가 높은 나무를 모아 배치한 관상수원, 꽃이 아름다운 나무를 모아 전시한 화목원, 습지에 생육하는 식물을 모아놓은 습지식물원이 있다. 이외에도 수생식물원, 식·약용식물원, 희귀·특산식물 보존원, 소리 정원, 덩굴식물원, 손으로 보는 식물원, 난대식물 온실 등으로 구성되어 있다.

1987년 4월 5일 개관한 산림박물관은 우리나라 산림과 임업의 역사와 현황, 미래를 설명하는 각종 임업 사료와 유물, 목제품 등 4,900점에 이르는 자료들이 전시되어 있다. 2003년도에 완공된 산림 생물 표본관도 중요한 시설이다. 국내외 식물 및 곤충 표본, 야생동물 표본, 식물 종자 등 116만 점 이상이 체계적으로 저장, 관리되고 있는 곳이다. 2008년도에 완공된 열대식물 자원연구센터에는 족보가 있는 열대식물 2,703여 종이 식재되어 연구에 활용되고 있다.

이 밖에도 국립수목원에서는 전국의 관련 대학, 연구기관, 수목원, 식물원 등에서 보유한 산림생물표본이나 식물 정보를 DB화한 국가생물종지식정보시스템을 구축해 관련 정보를 서비스하고 있다. 또 국내 식물명의 표준화와 명명 등을 위하여 국가 표준식물목록위원회를 한국식물분류학회와 공동으로 구성하여 운영하고 있다.

이곳은 우리나라 최초의 임업 연구기관으로 수백 명의 연구진이 식물에 관하여 연구하는 중심기관이다. 기후위기 시대에 더욱 중요성이 커지고 있어 적극적인 지원을 해야 하는 것이 국회의원으로서 나의 소임이라고 생각한다.

2021년 5월, 국립수목원에서 어린이들을 위한 특별한 공간이

꿀벌의 서식지, 벌집을 건물의 주요 디자인 모티브로 설계된 숲이오래 키즈아카데미 ⓒ국립수목원

남양주시 어린이집 원장님들과 숲이오래 키즈아카데미 방문

문을 열었다. 숲속에서 사람과 동·식물의 관계를 배우며 생명에 대해 관심을 가질 수 있도록 하는 체험 공간이다. '숲이오래' 키즈아카데미는 유아와 초등학교 저학년을 대상으로 산림 생물과 생태계를 탐구하고 이해하는 프로그램을 운영한다. 나는 이런 목적을 가진 공간에 20억 원의 국비를 확보할 수 있도록 지원하였다. 사회공헌 차원에서 포스코가 친환경 건축 자재를 지원해주었다.

숲이오래 키즈아카데미의 건축물은 기존 수목들을 그대로 두고 건물이 설계되었다. '바이오필릭 디자인(Biophilic design)'이라는 디자인 원리에 의해 건축물이 설계되었는데, 이는 자연, 생태와 건축이 공존하고 자연 속에서 디자인의 원리를 찾아낸다는 개념이다. 지구 생태계에서 중요한 역할을 하는 벌들의 서식지, 벌집을 건물의 주요 디자인 모티브로 하여 건축물이 설계되었다.

벌이 사라지면 식물들이 열매를 맺지 못하여 멸종되며, 지구의 산소 공급과 먹거리 제공에도 심각한 타격이 온다. 생태계에서 벌들의 중요성을 전달하고 다양한 생물들의 공존에 대한 중요성, 생물종 다양성을 아이들에게 알려준다. 육각형의 벌집 구조는 벌과 벌집을 상징하면서 아이들에게 생태적 상상력을 북돋는 것을 목표로 하고 있다.

어려서부터 이런 공간 속에서 생태교육을 받고 자라는 어린이들은 자연에 대한 이해와 존중을 자연스럽게 체득하게 되리라. 나는 우리 지역의 어린이들부터 프로그램의 혜택을 받을 수 있도록 남양주어린이집연합회의 원장님들과 함께 시설을 둘러보기도 했다. 원장님들은 무척 놀라워하고 기뻐했다.

04

크낙새를 찾아서

천연기념물 197호이자 멸종위기 야생생물 1급인 크낙새는 우아한 자태로 광릉숲의 상징이다. 우리나라에서 크낙새의 번식이 확인된 장소는 남양주의 진접읍 부평리 일원과 광릉이 유일하다. 환경부에 따르면 크낙새는 1989년 이후 현재까지 관찰기록이 없어 지역절멸종으로 평가되고 있다. 나는 광릉숲의 숲길을 열면서 생각했다. 크낙새가 다시 돌아온다면 얼마나 좋을까.[01] 광릉숲에 크

---

01 천연기념물 197호 크낙새Dryocopus javensis. 몸길이는 46cm. 몸은 전체적으로 검은색이며, 가슴과 배는 흰색이다. 수컷은 머리꼭대기가 붉은색이지만 암컷은 검은색이다. 동아시아에 국한되어 분포하나, 광릉숲의 크낙새는 한반도에만 분포한다. 전나무, 잣나무, 소나무, 참나무, 밤나무 등의 활엽수와 침엽수가 함께 자라는 숲속에 서식한다. 천연기념물 242호 까막딱다구리Dryocopus martius. 몸길이는 45~57cm, 날개 편 길이는 64~68cm이다. 몸은 전체적으로 검은색이며, 수컷은 이마에서 머리 뒤까지 붉은색이지만 암컷은 뒷머리에 붉은 점이 있다. 부리는 상아색이며, 다리는 검은색이다. 해외는 스칸디나비아, 프랑스, 스페인, 캄차카반도, 일본에 이르기까지 연속적으로 분포하고, 국내는 강원도, 경기도, 경북, 충남, 충북 등에 분포한다. 구릉지에서 고산지대의 고목이 무성한 우거진 활엽 혼효림에 서식한다.

천연기념물 제197호 크낙새 ⓒ문화재청

낙새가 돌아온다면 유네스코 생물권보전지역인 광릉숲이 새롭게 주목받을 수 있을 것이다.

조사해보니 다행히도 북한의 황해도에 크낙새가 서식하고 있다는 보고가 있었다. 북한에서는 “클락 클락” 운다고 클락새라고 이름을 붙여 우리처럼 천연기념물로 관리하고 있다고 했다. 나는 북한과 대화할 기회를 찾기로 했다.

2018년 평창 동계 올림픽에 북한이 극적으로 참여했다. 4월에 판문점에서 남북 정상회담이 열리고 남북 간 대화가 급물살을 타면서 다양한 교류 분위기가 조성되었다. 남북 관계의 봄바람을 타고 북한의 클락새를 데려와 광릉숲에서 날아다니는 것을 볼 수 있지 않을까 기대감을 갖게 되었다.

2018년 7월, 민간교류 재개를 위한 북한 방문

2018년 7월 중순, 나는 민족화해협력범국민협의회 창립 20주년을 맞이해 남북 민간 교류 재개를 위해 평양을 방문할 기회가 있었다. 베이징에서 비자를 받고 고려항공으로 갈아타고 평양에 도착하는 데 꼬박 이틀이 걸렸다. 2000년 6월 김대중 대통령을 수행해서 최초의 남북 정상회담을 위해 평양을 방문한 지 거의 20년 만이었다. 2000년에는 전용기로 한 시간 만에 평양 순안공항에 도착할 수 있었는데 20년 세월 동안 서울과 평양 간 거리는 더 멀어진 셈이다. 평양에서 북한 당국자와 대화를 나누는 과정에서 북한에 크낙새가 있는지 확인해달라, 있다면 분양받아서 지역구 광릉숲에 복원하는 사업을 해보고 싶다는 뜻을 건넸다. 그는 관계 부처에 알아보고 회신을 주겠다고 했다. 그런데 반년이 지나도록 답이 없었다. 다른 통로를 통해서 물었더니 의외의 대답이 돌아왔다. "클낙새가 있기는 합니다. 그런데 남조선에 기린이 있습니까?" 하는 답신이었다. 교환하자는 이야기였다.

2018년 12월, 국회에서 남북경제협력특별위원회 회의가 열렸다. 나는 희귀 멸종위기 생물에 대한 남북 협력이 UN 등 국제사회 제재 대상이 되는지를 통일부 장관에게 질문했다. 정부 입장을 공식화하고 북한에도 제의하기 위해서였다. 당시 회의에 참석했던 환경부 장관, 통일부 장관, 외교부 1차관에게 생태환경 협력 차원에서 북한의 크낙새를 분양받아 광릉숲에 복원하는 사업에 대해 정부의 지원을 요청했다. 정부 관계자들은 모두 높은 관심과 호응의 자세를 보였다.

크낙새 복원 사업을 추진하면서 세 가지 과제에 부딪혔다. 첫째는 과연 크낙새를 북한에서 데리고 올 수 있을 것인가 하는 문제고, 두 번째는 데리고 온다고 하더라도 크낙새가 지금 광릉숲에 다시 둥지를 틀고 생존할 수 있을까 하는 문제였다. 기후변화로 생태환경의 여건이 안 맞아서 떠난 크낙새를 안착시키는 문제는 간단하지 않을 것이었다.

마지막으로는 북한이 원하는 기린을 어떻게 구해서 보내줄 수 있을까 문제였다. 우리 대한민국에서 기린을 볼 수 있는 곳은 동물원밖에 없다. 나는 동물원의 기린을 북한에 보낼 수 있다고 미처 생각하지 못했다. 외교부에서 아프리카 지역을 담당하는 고위

직 간부인 후배에게 조사를 부탁했다. 아프리카의 기린이 있는 나라와 구매 비용, 한국으로 옮겨오는 방법에 대해 알아봐달라고 했다. 회신이 왔다. 몇몇 나라가 기린을 보유하고 있으나, 국제간 매매가 금지된 동물이라고 설명했다. 설사 기린을 구한다고 할지라도 그 큰 덩치를 비행기에 실을 수 없고, 배나 육로로 수송하는 길밖에 없는데 통관과 검역 문제도 발생한다는 것이다. 낙담했다.

그 무렵 에버랜드에서 일하던 지인이 내가 기린을 수소문하고 있다는 소식을 듣고는 힌트를 주었다. 원래 동물원에 있는 기린은 동물원에서 태어나서 동물원에서 일생을 마치는데, 동물원끼리 동물 교환을 하는 사례가 많다는 것이었다. 북한이 기린을 원하는 이유는 아마 평양동물원의 기린에게 문제가 생긴 것 같고, 클락새와 교환하려는 생각일 거라는 말이었다. 에버랜드 동물원에 있는 기린에 여유가 있다면 보내줄 수 있겠는지를 문의했다. 에버랜드는 조심스러운 반응을 보였다. 북한에 기린을 지원하는 문제가 논란이 되지 않을까 하는 우려가 없지 않았을 것이다.

대신에 서울동물원과 접촉하는 게 어떻겠냐는 의견이었다. 서울동물원은 서울시가 운영하는 공공기관이다. 당시 서울시장이었던 박원순 시장의 도움으로 서울동물원장을 만났다. 서울동물원장은 정말 좋은 생각이라며 적극적인 자세였다. 마침 임신한 기린이 있다는 것이었다. 기린은 수컷 한 마리에 암컷 두 마리가 보통 한 가족을 이룬다고 했다. 일종의 일부다처 가족 구조이기 때문에 최소한 세 마리를 보내야 하는데, 서울동물원에서 보낼 수 있는지를 검토하겠다고 말했다. 희망이 생겼다.

서울동물원은 김대중 대통령의 남북 정상회담 이후에 남북 교류 협력 기회가 열려 북한을 방문하여 남북 동물 협력을 협의한 경험이 있고, 백두산 호랑이 등을 남쪽으로 도입하는 등 서로 동물을 교류한 일도 있었다고 한다. 기린을 주고 크낙새를 받아 오는 일이 성사된다면 남북 간의 생태환경 협력에도 좋은 계기를 다시 만들 수 있을 것이라 기대하게 된 것이다.

일각에서 크낙새 몇 마리를 가져오면서 덩치 큰 기린을 세 마리나 주는 것이 말이 되느냐 불만을 가질 수도 있겠다. 하지만, 기린은 우리가 이미 보유하고 있으며, 어렵지 않게 구할 수 있는 동물이다. 크낙새는 그렇지 않다. 북한 크낙새와 남한의 기린을 맞교환하는 것은 우리에게 훨씬 이득이다.

문제는 북한의 적극성과 의지 문제였다. 크낙새를 포획하여 안전하게 남한으로 데려오는 일은 간단한 일이 아니었다. 서울대 조류학 교수님들과 서울동물원 전문가 그리고 국립수목원 등 관계 기관과 협의를 진행했다. 결론은 남북의 전문가들이 직접 만나 협의를 하고, 현지답사도 해야 한다는 것이었다. 나는 북측에 남측 전문가들의 방북을 제의하고 기다렸다. 그런데 기다리는 사이에 남북 관계가 다시 얼어붙기 시작했다. 가까스로 성사된 북미 2차 정상회담이 하노이에서 결렬되면서 북한이 대화의 빗장을 걸어 잠갔기 때문이었다. 크낙새 문제 협의도 따라서 중단되고 말았다. 황해도 지방의 클락새들은 지금도 잘 있을까 궁금하다.

크낙새를 복원시키는 사업을 포기할 수가 없다. 광릉숲의 상징이다. 멸종위기 생명체의 복원은 유네스코 생물권보전지역인 광릉숲의 생물다양성을 높이는 데 크게 기여하게 된다. 정치 때문에 남북 간 행태 환경 협력마저 좌절되는 현실을 극복해야 한다. 국립수목원에는 종자은행이 있는데, 여기에는 북한에만 서식하는 고유식물 종의 종자를 보관하고 있다. 직접 구할 수 없었던 종자는 동유럽을 거쳐서 구해 오기도 했다. 남북의 식물학자와 동물전문가들이 서로 방문하고 공동 연구하고 생태환경 문제에 대해 협력하는 일이 왜 이리도 힘든가? 이토록 당연하고 마땅한 일들을 못 하고 있다. 분단 현실의 한 단면이다. 북한의 생태환경은 제대로 관리되고 보호되고 있지 못한 현실이다. 분단과 단절의 세월이 흐를수록 황해도의 클락새도 멸종위기에 처할 것이다.

사단법인 '광릉숲친구들'을 창립하는 날, 나는 광릉숲친구들이 숲도 가꾸지만, 유네스코 숲인 광릉숲에 크낙새도 복원시키자는 제안했다. 다시 남북 대화와 교류의 길이 열릴 때 중단되었던 크낙새를 데리고 오는 이 사업만큼은 꼭 추진하고 싶다.

스트로브잣나무숲길

광릉숲은
우리가
지킨다!
환경을 위협하는 것들에 맞서
분노의 물풍선을 던져주세요!

3부

광릉숲, 위기를 맞다

01
남양주시의 마석 가구공단 이전 계획 발표

광릉숲은 일제의 수탈, 한국전쟁 이후의 도벌(盜伐) 위협, 산업화 과정에서 인근 도시 개발 붐까지 겪으며 우리나라 근현대사의 격변을 온몸으로 견뎌왔다.[01] 그런 광릉숲에 2019년 5월, 예상치 못했던 커다란 시련이 닥쳐왔다. 남양주시가 광릉숲 인근에 방치되어 있던 골프장 일원에 56만㎡ 규모의 이른바, '국내 최고의 친환경 첨단 가구 산업 클러스터'를 조성하겠다고 발표한 것이다. 이전 필요성이 지속 제기되던 마석 가구단지를 통째로 광릉숲 인근에 옮기려는 계획이었다.

마석 가구공단은 남양주시 화도읍에 있다. 약 20만 평 부지에

01 유네스코 지정 '광릉숲' 품은 국립수목원, 《시사저널》 1762호, 2023.07.22.

300여 개의 생산업체와 50여 개의 가구서비스업체, 100여 개의 가구 브랜드가 입주한 국내 최대 규모 가구단지다. 이곳에서는 지난 10년 동안 무려 1만 4,000건의 민원이 접수되었다. 주로 불법소각 등 환경 관련 민원이다. 2018년, 마석 가구공단의 주변에 4,300여 세대 규모의 대형 아파트 단지가 입주하면서 마석 가구단지와 관련된 민원은 폭증하고 있었다. 남양주시는 '친환경 가구단지'라고 주장했지만, 유네스코 생물권 보전 지역에서 직선거리 1.5km 정도 떨어진 곳에 가구단지는 이해할 수 있는 사안이 아니었다. 유네스코 생물권 보전지역이 어떤 곳인가? 생물다양성의 보전과 이의 지속가능한 이용을 조화시킬 수 있는 방안을 모색하기 위해 전 세계적으로 뛰어난 생태계를 대상으로 유네스코가 지정한 자연 생태계이다.[02]

이렇듯 세계적으로 보전해야 할 가치로 인정받은 광릉숲을 위협하는 시설을 인근에 배치하는 것은, 행정이 환경을 파괴하겠다는 선언과 같았다. 특히 광릉숲 주변에 가구 생산업체가 들어오는 것은 환경오염과 화재를 유발할 가능성이 있었다. 게다가 이 가구공단에 화재가 발생할 경우, 소방차가 출동하는 데 시간이 걸려 초기 진압이 어렵다는 위험도 도사리고 있었다. 가구의 재료가 되는 목재는 대부분 수입에 의존하는데 목재에 외국의 해충도 숨어들어올 수 있다. 목재에서 부화한 해충이 광릉숲에 번식하면 생태계를

02 유네스코 MAB 한국위원회, http://unescomab.pms.or.kr/v2/main.html

파괴할 수도 있었다.

마석 가구단지의 고질적 병폐는 단속이 어려운 새벽 시간에 일어나는 불법 폐기물 소각이었다. 이곳에서도 불법 소각이 지속된다면 미세먼지와 악취는 또 어쩔 것인가. 민주당 소속 시장이 같은 당 지역구 의원과 아무런 상의 한마디 없이 이렇게 덜컥 중차대한 계획을 발표했다는 게 당혹스러웠다. 그렇게 좋은 계획이었다면 왜 비밀리에 계획을 진행했고 기습적으로 발표를 한단 말인가. 나는 그 발표를 전해 듣고 보좌관과 시의원을 시장실로 보내 진위를 알아보게 했다. 시장은 '첨단기업, 친환경 공단 조성'이 목적이고 가구공단은 현대화 시설을 가진 공장만 아주 일부 이전할 거니 문제가 없으리라고 얼버무렸다는 보고를 받았다. 시장의 말은 사실이 아니었다. 오히려 그는 보좌관이 추궁하듯 질문해서 기분이 상했다는 식의 엉뚱한 말을 하면서 가구공단 이전 강행을 시사했다.

남양주 시장의 독단적인 가구공단 이전 계획에 반발하는 주민들이 움직이기 시작했다. 진접읍의 이장협의회를 포함한 8개 단체협의회에서는 가구공단 이전 계획을 철회하라는 현수막을 대대적으로 내걸었다. 가구공단 예정 용지에서 가장 가까운 아파트 단지인 동부센트레빌 아파트 주민들은 시장의 독단을 규탄하는 대형 현수막을 아파트 외벽에 내걸었다. 그리고 주민들의 탄원을 담은 서명부를 나에게 건네며 국회의원이 앞장서 막아달라고 호소했다.

시장의 대응은 참으로 어처구니없었다. 진접 8개 단체 대표들을 시장실로 불러서 환경오염 걱정은 안 해도 되고, 고용 창출 등 지역 발전에 도움이 될 것이라는 논리를 늘어놓았다. 시장 눈치를 보고 일부 단체 간부들이 주춤하기 시작했다. 시장을 규탄하는 현수막이 슬그머니 사라지기 시작했다. 남양주시는 대형 현수막을 걸었던 아파트 단지의 입주자대표회의에 불법 현수막이라며 500만 원의 벌금을 부과하겠다는 공문을 발송했다. 아파트 주민들은 벌금을 부과하겠다는 시의 협박에 움츠러들기는커녕 반발했다. 주민들은 주민 비상회의 등 항의 집회를 열었다.

나는 이 자리에 초청받아 참석했는데, 어떻게 국회의원이 같은 당 시장의 이런 행동을 방치할 수 있느냐고 원망을 들었다. 얼굴을 들 수가 없었다. 시청 간부들에게 반발하는 주민들과 대화하라고 주문했다. 시청 공무원들은 인사권자인 시장 눈치를 보기에 급급했다. 시민들의 반발은 더 커졌다. 조미자, 안광덕, 정은미 등 '광릉숲친구들' 단체를 이끌던 사람들이 진접 시민 전체를 대상으로 한 서명운동을 제안했다.

광릉성당의 서춘배 신부님과 교우들

광릉성당의 교우들도 나섰다. 광릉성당 주임 서춘배 신부님은 평소 강론 중에 환경보호와 가톨릭 신자들의 사회적 책임과 의무를 누누이 강조하는 분이다. 신자들에게 프란치스코 교황님의 환경 관련 회칙 《찬미 받으소서》를 읽으라 권하고 성당 안에서 일회용품 사용을 금하고 실천하는 분이다. '공동의 집을 돌보는 것에 관한 프란치스코 교황의 회칙'이라는 부제가 달린 《찬미 받으소서》의 '정책 결정 과정의 대화와 투명성'에 관한 조항에는 이런 구절이 있다.

다양한 관점과 해결책과 대안들을 제시할 수 있는 사회 관계자들의 합의를 끌어내는 것이 늘 필요합니다. 토론에서 지역 주민들의 의견이 특별히 존중되어야 합니다. 그들은 자기 자신과 자녀들의 미래에 필요한 것에 대하여 고민하고, 즉각적 경제적 이익을 초월한 목적들을 생각해낼 수 있습니다.[03]

현재 또는 미래의 공동선에 영향을 미칠 수 있는 환경 위험의 요소가 나타나는 경우 모든 결정은 여러 가지 가능한 대안들에서 예견되는 위험과 이득을 비교하여 결정을 내리는 것이 필요합니다. 이는 무엇보다 어떠한 계획이 천연자원의 소비 증가, 배출 가스, 또는 폐기물의 증가, 쓰레기 증가, 경관이나 보호받아야 하는 생물종의 서식지 또는 공공장소에 커다란 변화를 초래할 수 있는 경우에 특히 요구됩니다.[04]

지역 주민들이 가구공단을 반대하는 것은 즉각적인 경제적 이익보다는 자라나는 미래 세대에게 맑은 환경을 물려주기 위함이지 않은가. 가구공단이 들어올 경우, 유네스코 생물권 보전지역의 생태계에 미칠 수 있는 악영향과 유네스코 문화유산인 광릉의 문화적 가치도 떨어질 가능성이 있지 않겠는가.

평소 존경하던 광릉성당의 서춘배 신부님에게 도움을 청했다. 서 신부님은 남양주시가 발표한 가구공단 이전 계획에 대해 알고

---

03 《찬미 받으소서》, 한국천주교주교회의, 2015, 135쪽

04 위의 책, 136쪽

계셨다. 유은숙, 심정원, 전권 등 젊은 교우들이 우려를 전달했고 성당에서 서명운동을 벌이겠다며 허가해달라고 했다는 것이었다. 신부님은 처음에 교우들에게 "가구공단 반대운동이 지역 이기주의에서 비롯된 것이 아니라는 근거를 찾아오라"라고 말씀하셨다 한다. 사려 깊은 분이었다. 광고홍보학 박사과정에 재학 중이던 심정원은 마석 가구단지에서 발생하고 있는 여러 문제점 등에 관한 언론 보도와 가구 산업이 가진 문제점들을 설명한 약식 보고서를 작성해 신부님께 드렸다.

광릉성당 교우이자 광릉숲친구들 회원인 유은숙은 이전에 재직했던 직장이 가구회사여서 가구 만드는 공정이 얼마나 환경에 해로운지를 누구보다도 잘 알고 있었다. 유은숙은 신부님께 '친환경 가구 제조' 공장이라는 말이 어불성설이라고 설명했다. 목재 가공 시 먼지와 소음 발생은 물론, 접착 도색 등의 공정에서 온갖 유독 화공약품을 대거 사용하는 것이 가구 제조 산업이다. 이런 가구 산업이 통째로 광릉숲 인접 지역으로 이사 와서 '친환경' 산업이 될 리 만무하다고 강조했다.

국립수목원 전문가들도 만나 의견을 들었다. 광릉숲이 유네스코 생물권 보전지역이고 숲은 화재에 취약한데 대형 가구공단이 숲 경계에 설치되는 것은 있을 수 없는 일이라고 어이없어했다. 수입 목재 적재와 가공 과정에서 유해 해충들이 같이 들어와 숲을 해칠 수 있고, 도색 등에 사용하는 유해 물질은 숲 생태계에 치명적인 영향을 줄 것이라 우려했다. 다만 국가기관인 국립수목원이 지방자치단체가 벌이는 사업에 직접 개입하여 저지할 행정적 권한이 없어 난감하다고 토로했다.

나는 신부님께 여쭈었다. "어떻게 해야 하겠습니까?" 신부님은 "국회의원은 이런 문제를 해결하라고 시민들이 뽑아준 사람 아니냐? 가구공단을 막아내는 데 나도 힘을 보탤 테니 꿋꿋하게 나가라."라고 용기를 북돋아주셨다. 서춘배 신부님은 광릉성당 주임 신부직 임기를 마치고 떠나면서 옷가지 몇 개 든 가방 하나 달랑 들고 떠나셨다. 무소유의 수도자로서 모범을 보여주신 분이다. 이런 분이 광릉성당의 주임신부로 계셨던 것도 큰 행운이었다

02
광릉숲 옆 가구공단 반대 비상대책위원회 출범

서춘배 신부님은 이후 주일 미사 때마다 강론을 통해 교우들에게 광릉숲을 지켜야 할 필요성을 역설했다. 가구공단이 광릉숲에 위험 요소가 될 수 있음을 강조했다. 의정부 교구의 지구 사제회의에 참석하여 이 문제를 제기하고, 성당 신자들의 서명운동의 길을 열어주기도 했다. 주민들이 나서서 '광릉숲 옆 가구공단 반대 비상대책위원회'를 결성할 때 교우들이 적극적으로 참여하게 된 것도 서 신부님 덕분이었다. 광릉성당의 교우들이 적극적으로 나서면서 가구공단 반대운동은 활력을 얻게 되었다. 동부센트레빌 입주자대표회의, 광릉숲친구들의 조미자 운영위원장, 안광덕 부위원장, 광릉성당의 심정원, 유은숙, 전권 등을 중심으로 '광릉숲 옆 가구공단 조성 반대 비상대책위원회'가 결성되었다. 서명운동이

비상대책위원회의 최민규, 전권 회장이 관계기관에 탄원서와 서명부를 제출하고 있다.

확산되었고, 시민 모임인 비상대책위원회에 성금을 내겠다는 시민들이 줄을 이었다.

그런데 비상대책위원회 결성 과정에서 난관도 발생했다. 선뜻 비상대책위원회 위원장을 맡으려는 사람이 나타나지 않았다. 민주당의 시의원과 도의원을 비롯한 민주당 지역위원회 당원들도 대책위를 지지하고 지원했지만, 민주당 시장을 상대로 한 싸움에 앞장서게 되면 시민의 자발적 운동 취지를 훼손할 수도 있었기에 나도 고민에 빠졌다. 그때, 서춘배 신부님이 또 한 번 큰 힘이 되어주었다.

"서로 몸을 쇠줄로 묶고서라도 이 일은 꼭 막아내야 합니다.

여러분들이 나서서 십자가를 지셔야 합니다. 비상대책위 위원장 맡을 분이 안 나서면, 교우 여러분들이 나서서 맡아주세요."

이렇게 해서 젊은 교우, 전권이 동부센트레빌 입주자협의회 최민규 회장과 공동으로 비상대책위원장을 맡게 되었다.

20여 년 동안 주민들과 함께 생활문화 운동을 펼쳐온 조미자 진접 문화의집 관장도 나섰다. 광릉숲친구들의 운영위원장도 맡고 있던 조미자는 평소 문화의집 활동에 적극적이던 김금수, 김반석, 오세연 등 여성회원들의 참여를 이끌었다. 진접 문화의집(현 남양주 문화의집)은 지방자치단체의 보조금을 지원받아야 하는 처지에서 큰 결심을 한 셈이다. 조미자 관장은 가구공단 반대 투쟁에 앞

장선 이후 시 공무원들의 쌀쌀한 태도에 많은 고생을 했다고 한다. 나는 2023년 지방선거에 조미자 관장을 설득하여 민주당 도의원 후보로 출마를 권했고, 그는 당당히 당선되었다. 진접 문화의집 회원들, 광릉숲 가구공단 반대에 나섰던 시민들의 응원과 지지 덕분이었다.

2019년 7월 20일, 광릉숲 옆 가구공단 조성 반대 비상대책위원회가 주관하는 첫 번째 집회가 봉선사 입구에서 열렸다. 마침 '2019년 봉선사 연꽃축제'의 개막식 날이어서 오가는 사람들이 많을 것이라는 이유에서 선택한 날이었다. 지역 온라인 커뮤니티에서 소식을 듣고 온 사람들, 광릉성당 교우들, 광릉숲친구들 회원들, 동

광릉숲 옆 가구공단 반대를 위한
주민 집회에 함께하다.

부센트레빌 주민들, 유모차를 끌고 온 젊은 엄마들… 한목소리로 '가구공단 반대'를 목청껏 외쳤다. 대부분 난생처음 항의 집회에 참여한 분들이었다.

처음에는 구호를 외치는 것도 어색해하고 쑥스러워했다. 그때, 두 명의 활동가가 등장하여 아마추어 시위대의 분위기를 단번에 날려버렸다. 대학 풍물동아리 출신인 조미자가 꽹과리를 치고, 국악과를 나온 음악 교사 출신의 김금수가 장구를 치기 시작했다. 재담꾼 안광덕의 사회도 한몫하여 항의 시위가 흥겨운 문화 공연장으로 바뀌었다. 이후 거의 넉 달 동안 집회가 주말마다 진행되었지만, 이들의 활약으로 시민들은 긴장과 고달픔을 잊고 즐겁게 참여할 수 있었다. 안광덕은 서울과 남양주의 문화패를 초대해서 즉석 공연도 펼쳤다. 집회가 미니 시민축제가 되어버린 것이다. 물론 이긴 싸움이었기에 아름다운 추억으로 남을 수 있었겠지만….

서명운동도 맹렬했다. 짧은 시간에 서명에 동참한 시민들은 총 1만 2,000여 명에 이르렀다. 2019년 기준으로 진접읍 인구가 9만 5천 명 정도였다. 진접은 지역이 넓어 가구공단 예정지에서 꽤 거리가 있는 아파트 단지에서도 큰 관심을 갖고 호응했다. 시청 공무원들이 관변단체를 동원하여 여론 무마 작업을 벌였지만, 시민들의 반대 여론은 점점 더 강해지고 있었다. 남양주시 밖의 환경단체들도 반대 성명을 내고, 진접 시민들의 움직임이 KBS, OBS 등 방송 뉴

스로 보도되기도 했다. 남양주 시장은 여전히 마이웨이였다.

남양주시는 '첨단 가구 복합산업단지 조성에 대한 타당성 조사'라는 이름의 용역사업을 시작하며 가구공단 이전 계획을 합리화하려 했다. 민주당 소속 이정애 시의원은 남양주시의회 회의에서 시 당국과 시장을 향해 가구공단 이전의 문제점을 조목조목 지적하는 호랑이 연설을 했다. 그 동영상이 온라인에 퍼지며 큰 반향을 일으켰다. 반면 내가 추천해 당선된 지역구 민주당 시의원 중 일부는 슬그머니 자취를 감추고 말았다. 어처구니가 없었다. 시민들에게 창피했다. 배신감도 들었다. 광릉숲 가구공단 반대 싸움을 외면하고 시장 편에 섰던 사람들은 2023년 지방선거에서 공천을 받지 못했다. 한 사람은 탈당하여 무소속으로 출마했지만 낙선했다. 당연한 결과였다.

03
관계기관들의 협조를 구하다

남양주시의 가구산업공단 조성 계획은 애초부터 여러 문제를 안고 시작된 일이었다.

첫째, 입지 선정이 잘못되었다. 광릉숲은 유네스코 생물권 보전지역이다. 국가 숲이자 세계적인 숲이다. 환경 위협 문제가 많아 민원이 끊이지 않는 가구 산업을 광릉숲 인접에 설치하겠다는 발상 자체가 놀라운 일이다. 당연히 주민들과 환경단체의 반발을 불러일으켰다.

둘째, 대형 공단 조성 사업은 지방자치단체가 독단적으로 할 수 있는 일이 아니다. 상부 기관인 경기도의 적격 심사를 받아야 하는 일이다. 용지 매입과 도로 개설 등에 1,200억여 원이 투입되는 일이어서 행안부, 기재부의 승인 절차도 필요했다. 그런데 시가

김재현 산림청장과 마석 가구단지의 광릉숲 옆 이전에 대한 의견을 나누다.

일방적으로 사업 결정을 발표했다. 여러모로 정상적인 사업 추진 방식이 아니었다. 일부 언론에서는 당선된 지 몇 달도 안 된 시장이 이런 사업을 밀어붙인 배경에 대해 의혹을 제기하기도 했다.[05] 십수 년째 사업성이 없어 방치된 골프장(9홀)을 남양주시가 공단 조성 명목으로 사들여 주는 셈이라, 뭔가 수상한 뒷거래가 있었지 않았냐는 거다.

셋째, 남양주시의 사업 추진 행태도 문제였다. 주민 반발을 아예 무시하고 강압적인 태도로 일관했다. 꼭 필요한 공공사업들이 일부 주민이나 이익단체의 반발로 무산되어 공공 이익을 해치는

---

05 남양주시가 한국지방행정연구원에 의뢰한 타당성 조사에서도 사실상 사업성이 떨어지는 것으로 조사되었다. (남양주시, 첨단가구복합 산업단지 조성 '사실상 무산', 《중도일보》 2019.11.04.)

부작용도 물론 있다. 님비Not In My Back Yard 현상이라고 한다. 그렇지만 광릉숲 가구공단 사업은 '님비'와 거리가 멀다. 광릉성당 서춘배 신부님이 성당 신자들에게 "지역 이기주의에서 비롯된 일이 아니라는 근거를 분명히 하라"라고 충고한 것은 중요한 지적이었다. 남양주시는 진접 주민의 반발을 일부 아파트 주민의 이기주의적 행태라 비난했다. 공익을 저버린 맹목적 반대로 몰아붙였다. 그러고는 귀를 닫아버렸다. 심지어 지역의 국회의원, 시의원, 도의원과도 협의할 자세를 보이지도 않았다. 기가 막혔다. 전두환 정권이 임명한 시장도 이렇게 막무가내로 행동하지는 않았을 것이다.

2019년 국회 행정안전위원회의 경기도 국정감사에서 광릉숲옆 가구단지 이전에 대해 이재명 지사에게 질의하다.

정치와 행정이 잘못되면 시민들이 고생하게 된다. 부당한 행정을 바로잡는 것은 주민이 뽑아준 국회의원이나 지방의원이 해야 할 기본 임무다. 문제는 그 대상이 같은 당의 시장이라는 데 있었다. 시민들이 어떻게 볼 것인가? 같은 당의 시장과 국회의원이 싸운다고 보지 않을까? 시장은 공익을 위해 '친환경 첨단 공단'을 조성하려 하는데, 국회의원이 일부 주민의 표를 의식해서 반대 선동에 나섰다고 뒤집어씌울 판이었다. 나는 거듭 시장에게 시민들과 대화를 촉구하고, 일방적인 사업 강행을 멈춰달라고 요청했다. 그리고 거의 한 달을 기다려주었다. 대답은 없었다. 대화도 없었다.

요지부동의 행태에 나는 결심했다. 시민들과 함께 싸워야 한다. 나는 2019년 7월 20일, '광릉숲 옆 가구산업단지 조성에 반대한다'라는 성명을 발표했다. 이후 경기도, 환경부, 산림청, 문화재청 등 관련 부처 책임자를 일일이 만나 남양주시가 추진하는 가구공단 사업의 문제점을 설명했다. 관련 부처에서는 한결같이 이곳에 가구공단을 설립하는 것은 적절치 않으며, 남양주시의 사업 추진 방식에 문제가 있다는 점에 동의했다.

7월, 김재현 산림청장을 국회에서 만나자고 했다. 숲 전문가 교수 출신의 산림청장답게 광릉숲 인근에 가구공단이 들어오는 것을 깊이 우려했다. 나는 세 가지를 부탁했다.

첫째, 가구공단 추진에 따른 환경영향 사전 조사를 해달라.

둘째, 광릉숲 보호 대책 마련을 위한 산림청의 전담 조직을 구성해달라.

셋째, 가구공단 대상지 인근의 생태환경 침해를 막는 방안을 연구해달라.

산림청장은 그렇게 하겠다고 답했다.

2019년 8월, 국립수목원에서 '광릉숲 생물권보전지역 관리위원회'가 소집되었다. 이유미 국립수목원장, 이화순 경기도 행정 제

2부지사 등 유관 기관장이 참석했다. 회의에서 광릉숲의 특수성을 고려해서 남양주 첨단가구단지 조성 사업 입지 선정은 재검토되어야 한다고 권고하고, 의결된 사안을 남양주시와 심의기관에 공문으로 전달했다.

"유네스코 생물권보전지역인 광릉숲을 지켜야 한다는 것에 반대하는 사람은 없을 것입니다. 관리위원회를 통해 광릉숲을 보전하기 위한 좋은 결과를 만들어야 합니다."

이화순 경기도 행정부지사는 강조했다.

10월 18일, 진접 주민들에게 기쁜 소식을 전할 수 있었다. 내가

속한 국회 상임위원회인 행정안전위원회의 2019년 경기도에 대한 국정감사에서 나는 광릉숲 인근 가구공단 추진 문제에 대해 경기도의 입장을 물었다. 이재명 지사는 "주민 동의 없는 진접 부평리 가구산업단지 추진을 경기도는 승인하지 않겠다."라고 답변했다. 공개 약속을 받아낸 것이다. 참으로 다행스러운 일이었다.

나는 멈추지 않았다. 10월 25일, 나는 국회에서 '광릉숲 생물권 보전지역의 지속가능한 발전 방안' 토론회를 개최했다. 관련 부처인 경기도, 환경부, 산림청, 문화재청이 모두 참여하고 경기연구원이 발제를 맡았다. 허훈 광릉숲BR관리위원회 부위원장(대진대 공공인재대학 학장)을 좌장으로 네 명의 전문가가 주제 발표를 했다. 먼저, 오충현 동국대학교 바이오환경과학과 교수는 '생물권 보전지역의 국제적 동향과 광릉숲에 주는 시사점'을 발표했다. 오 교수는 개발사업과 부실한 관리 등으로 인해 생물권 보전지역으로 지정된 곳도 철회되는 사례가 있어서 지속적인 보전과 현명한 이용을 위해 경기도 및 관련 기초자치단체 간 광릉숲 보전을 위한 협력 구조가 필요함을 역설했다. 특히 남양주시의 경우, 광릉숲 생물권 보전지역의 핵심지역이 가장 넓게 분포하지만 협력

경기도, 환경부, 산림청, 문화재청의 후원으로 경기연구원이 주관한 '광릉숲 생물권보전지역의 지속가능발전 방안' 토론회를 개최하다.

지역이 절대 부족하고 완충지역이 기형적으로 설정되어 있어서 협력지역의 확대 지정이 필요하다고 지적했다.

김희채 국립수목원 광릉숲 보전센터장은 '광릉숲의 중요성과 미래 비전'이라는 발표에서, 급속한 주변 도시화 진행으로 점점 고립되어가는 광릉숲의 현재 상황에 대해 우려를 표했다. 그러면서 시민의 숲, 국민의 숲으로서 광릉숲이 더욱 확고히 자리 잡기 위해서는 지역 주민의 적극적인 참여를 통해 생물다양성과 생태계 서비스의 보전 증진을 위한 관리체계가 강화되어야 한다고 강조했다. 이를 위해서는 지속적인 교육을 통해 지역사회의 역량을 강화하고 생물권보전지역 인지도를 제고해야 한다고 지적했다. 무엇보다 지역 주민들과의 효과적인 소통과 협력이 필요하다는 것이다.

이영재 한국환경정책평가연구원 연구위원은 '남양주시 가구산업단지 입지에 대한 환경영향 평가적 관점'을 발표했다

김한수, 이유진 경기연구원 연구위원은 '광릉숲 생물권 보전지역의 주변 개발 위협과 대책' 발표를 통해 남양주시의 가구공단뿐만 아니라 인근 지방자치단체인 의정부시의 자일동 소각장, 포천시의 디자인산업단지 등이 개발 압력 현황을 소개하며 각각 우려되는 문제점을 짚었다.

특히 남양주시의 가구단지 개발사업의 경우, 수입 원목 수급과정에서 해충이 유입될 경우, 항공방제가 불가능한 광릉숲에 엄청난 피해를 가져올 가능성이 있다는 점을 제기했다.

전문가들의 국회 토론회에 많은 남양주 시민도 여의도 국회로 와서 참관했다. 광릉숲 인근에 가구공단은 불가하며, 굳이 개발하려면 생태환경 문화 관련 시설이 바람직하다는 점에 전문가들의 견해가 일치했다. 경기도, 국립수목원, 산림청, 문화재청 등 관계기관들의 협력이 필수라는 점에도 공감을 이루었다. 남양주 시장만 외톨이가 되었다. 그날 국회 토론회를 마친 직후, 남양주시가 사업 철회를 발표할 방침이라는 소식을 전해 들었다. 시민이 승리한 것이다.

04

환경 파수꾼이 된 시민들

광릉숲 가구공단 반대 투쟁의 승리는 당연한 결과였지만, 돌아보면 고단한 과정이었다. 처음 반대운동에 나설 때 시민들은 남양주시가 이미 발표한 계획을 쉽사리 철회할 것으로 생각하지 않았다. 남양주시도 시민들의 반대가 오래가지도, 크게 확산하지도 않을 것이라고 보았을 것이다. 그런데 집회와 시위에는 서툰 진접 주민들이지만 결코 만만한 시민이 아니었다. 남양주시가 사업 철회라는 항복 선언을 한 뒤, 시민들은 나를 보고 '국회의원이 안 나섰으면 못 이길 싸움이었다'라며, 격려 말씀을 많이 해주셨다. 그런데 시민이 안 나섰으면 국회의원 100명이 달려들어도 못 이길 싸움이라는 게 사실에 더 가까울 것이다.

나는 남양주시, 게다가 같은 당 소속 시장과 이 문제로 갈등

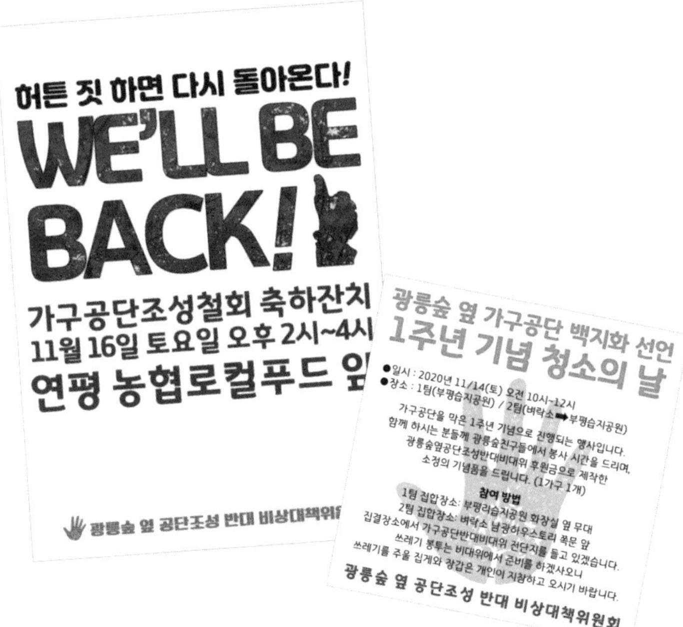

을 겪으면서 정치적 상처를 입었다. 국회의원이 일부 주민들의 표를 의식해 반대 투쟁에 불을 붙였다, 배후에서 조종한다는 둥 온갖 중상에 시달려야 했다. 시장의 앙심 때문에 다가올 총선에서 김한정이 크게 낭패 볼 것이라는 악의적 소문도 돌았다. 감수할 수밖에 없었다. 얄팍한 계산으로 시민의 기대를 저버린다면 나는 이미 패배한 사람이고 정치할 자격이 없는 사람이 되고 만다.

민주주의가 무엇인가? 시민의 뜻을 존중하는 것이다. 다수 대중의 선택이 항상 최선의 결과를 보장하지 않는다. 민주주의는 그래서 완벽하지 않다. 그런데도 우리가 민주주의라는 가치를 정치

의 기본으로 삼는 것은 소수의 독선과 독재를 막아낼 유일한 수단이기 때문이다. 정치인이나 선출직 행정가는 모두 시민으로부터 위임받은 범위에서 그 권한을 행사해야 한다. 그게 민주주의의 기초다. 광릉숲 가구공단을 밀어붙이던 당시 남양주 시장은 이듬해에 공직선거법과 지방공무원법 위반으로 기소되어 1심에서 실형 선고를 받고 법정 구속되고 만다. 항소심에서는 감형되고 집행은 유예되었지만, 여전히 실형을 선고받았다. 당연히 다음 지방선거에서 시장 출마에 나서지 못했다.

그 뜨거운 여름 뙤약볕 길거리에 모여 '광릉숲에 가구공단은 안 된다'라고 외친 주민들, 유모차를 끌고 어린아이 손을 잡고 가구공단 반대 집회에 참여한 젊은 엄마들, 집회 현장을 지나며 손을

오남 폐식용유 처리 시설 불허 결정을 축하하는 오남 시민잔치

흔들어주고 지지 경적을 울리던 시민들, 생업을 제쳐놓고 반대 서명을 받으러 다니고 항의 집회를 조직하는 데 앞장선 주민대표들, 비상대책위원들의 자발적인 노력이 아름다운 열매를 맺었다.

이들은 2022년 뜨거운 여름, 왕숙천의 지류인 오남천 인근에 대규모 폐식용유 재처리 공장이 들어온다는 소식에 다시 한번 뭉쳤다. 포천에 있던 업체가 오남읍 아파트 단지 인근으로 이전하여 처리용량 하루 150톤의 폐식용유 공장 건축 허가를 받아낸 것이다. 폭발 사고와 화재가 여러 건 언론에 보도된 업종인 데다가 왕숙천의 지류인 오남천을 오염시킬 가능성이 높은 유해한 시설이었다.

나는 시민들의 의견을 듣고 곧바로 남양주시에 사업 불허를 촉구하는 성명을 발표했다. 가구공단 반대에 나섰던 시민들이 다시 들고일어났다. 결국 남양주시가 사업 승인을 내주지 않는 것으로 결론이 났다. 우리 마을 환경 파수꾼들은 여전히 눈을 크게 뜨고 환경을 지키는 일을 하고 있다. 존경스럽고 위대한 시민들이다. 민주주의의 힘이다.

오남 폐식용유 처리시설 사업 불허를 쟁취해 낸 시민들과 함께

4부

광릉숲에서 새로운 도시문화를 찾다

01

미국 뉴욕주 이타카에서 경험한 도시문화

시민들과 함께 숲 문화를 만들어가고 싶다는 생각은 제법 오래전에 시작되었다. 나는 1999년 말 김대중 대통령의 부름을 받고 청와대 제1부속실장에 임명되어 가장 가까운 위치에서 대통령의 임기를 마칠 때까지 보좌했다. 2003년 퇴임 후에도 2년을 더 전직 대통령 비서실장 자격으로 퇴임 대통령을 모셨다. 그 과정에서 에너지 소모가 컸다. 재충전이 필요했다. 다시 집중해서 급변하는 세계 정치와 경제를 공부하고 싶은 욕구도 컸다.

2006년, 미국 코넬대학교 동아시아센터 초청연구원 자격으로 미국에 머무를 기회를 얻었다. 코넬대학교 인근의 이타카Ithaca에 월세 집을 얻고 유학 생활을 시작했다. 코넬대학교는 농촌으로 둘러싸인 시골에 있다는 입지 때문인지 세계 최고의 농학, 조경학,

2000년 대통령 제1부속실장으로 남북정상회담에 김대중 대통령을 수행했다.

Outreach - Korea

Joining Carlson for the *Asian Hotspots* teacher training workshop was EAP visiting scholar **Han Jung Kim**. His talk on *The North Korean Question* was informed not only by his research on the North Korean strategy for national survival under Kim Jong-il, but by his own experience as a senior advisor to South Korean President Kim Dae Jung during Kim's historic opening to North Korea. The teachers were fascinated

Photo courtesy of Han Jung Kim

In November 2003 President Bill Clinton visited Korean president Kim Dae-jung's Presidential Library and Museum in Seoul, where this photo was taken. EAP visiting scholar **Han Jung Kim,** then Chief of Staff to President Kim Dae Jung, is on the far right. Left to right: **Lim Dong-won**, special envoy of President Kim Dae Jung and former Korea CIA Chief; **Kim Dae Jung,** President of the Republic of Korea 1988-2003; U.S. President **Bill Clinton**; **Han Jung Kim.**

코넬대학교 동아시아 프로그램의 소식지에 실린 남북관계에 대한 나의 특강 소식

조류학의 중심 연구기관이기도 하다. 우리 가족이 머무른 집은 우연히 코넬대학교의 조류연구소가 자리한 조류보호구역Cornell Bird Sanctuary인 샙서커 우즈Sapsucker woods와 200미터 정도의 가까운 거리에 있었다. 새들이 좋아하는 습지가 많은 아름다운 숲이었다. 그 숲에 난 호젓한 산책로를 걸을 때면 자연과 동화되는 듯한 신비

한 느낌이 들곤 했다. 아이들도 숲길 산책을 좋아했다.

호수와 숲으로 둘러싸인 이타카는 학생과 방문학자 등을 제외하면 상주인구가 약 3만 명에 불과한 작은 도시다. 19세기에 설립된 유서 깊은 코넬대학교와 이타카 대학이 있는 교육 도시이기도 하다. 코넬대학교는 내게 교수에 준하는 대우를 해주어 아담한 연구실도 내어주었다. 아침에 연구실로 나가 책을 보고 글을 쓰거나 도서관에서 자료를 찾는 평화로운 시간을 보낼 수 있었다. 코넬대학에는 그 명성만큼 세계 각국에서 학자와 연구자들이 찾아온다. 국제 분쟁, 환경, 통상 마찰, 미국의 외교정책 등 다양한 글로벌 이슈를 주제로 세미나와 토론회가 열려 심심할 틈이 없다. 나는 북한

조류 보호구역에 있는 코넬 조류연구소 안내판

1865년에 설립된 코넬대학교는 미국 동부의 유명 사립대학들을 일컫는 아이비리그에 속한 대학이다.

문제나 남북 관계에 대한 토론회에서 토론자로 참여해 견해를 발표하기도 하고, 북한 문제와 북미 관계에 관심 있는 대학원생을 상대로 특강을 하기도 했다.

우리 가족 모두는 전원과 호수로 둘러싸인 이타카를 좋아했다. 고속도로에서 빠져나와 지방도를 타고 30여 분을 달려야 도착할 정도로 이타카는 농촌으로 둘러싸인 한적한 곳에 있다. 우리나라로 치면 읍소재지 정도로 시골 도시인데 활력을 느낄 수 있다. 사람들 표정에 생기가 넘친다. 미국의 한 대안문화 잡지가 미국에서 가장 계몽된enlightened 도시로 이타카를 선정하기도 했다. 이 도시에 2년간 머무르며 생활할 수 있었던 것은 행운이었다. 이타카의 매력을 몇 가지로 정리해보았다.

첫째는 '포용의 문화'다. 이 도시는 대학도시답게 인종 차별이 적기로 유명하다. 피부 색깔이 다른 사람들, 세계 각지에서 온 유학생과 이민자들이 모여 사는 작은 다문화도시이다. 이 작은 도시에 태국 음식 식당, 한국 음식 식당, 베트남 식당들 여러 개가 성업 중이다. 1960년대와 1970년대 열렬히 베트남전쟁 반대를 외쳤던 사회운동가들이 모여들어 자리를 잡은 까닭에 베트남전쟁 이후 보트 피플Vietnamese boat people을 받아들여 베트남계 이민자도 많이 정착해 살고 있다. 코넬대학교 인근의 쌀국수집은 베트남에서 탈출한 보트 피플 출신 부부가 운영하는데, 국물이 맛있고 값도 저렴해서 내 단골집이 되었다. 이타카가 좋아 은퇴 후 정착한 노부부들도 많다. 대도시의 혼잡함을 피하고 싶지만 단조로운 전원생활도 싫은 사람들이 모여들어 다양한 그룹 활동을 하는 특유의 도시문화를 만들어냈다. 세계 각지에서 온 다양한 사람들이 모여 살며 소수자, 이민자, 유색인종에 대한 관용적인 도시 분위기를 형성하게 된 것이다. 한 달에 한 권 책을 읽고 토론하는 독서토론 모임이 수십 개가 있을 정도로 많은 이들이 책을 읽는 도시이기도 하다.

이타카에서는 매년 '이타카 페스티벌'이라는 동네 축제가 열린다. 이 페스티벌에는 유명 스타나 연예인의 공연도 없고, 관광객의 눈길을 끄는 이벤트도 거의 없다. 이 페스티벌의 주인은 이타카

코넬대학교 캠퍼스

에 사는 주민들이다. 그룹을 형성하고 주제를 정하여 기획안을 내면 축제 준비위원회에서 심사하여 참가를 결정해준다. 페스티벌 기간, 주민들로 구성된 악단의 거리 공연도 열리고 장터도 열린다. 단연 주목받는 이벤트는 거리를 행진하는 퍼레이드다. 지역 주민들이 각자 고안하고 직접 꾸민 복장과 분장으로 참여한다. 기발한 아이디어, 폭소를 자아내는 재치 있는 모습도 많이 연출된다. 도시민 전체가 몰려나와 각자 준비한 소품과 분장으로 각자의 주장을 하며 어울려 거리 축제를 즐기는 것이다.

둘째는 '친환경 문화'다. 로컬푸드 문화도 잘 자리잡고 있다. 도시 인근 농장에서 생산한 유기농 채소와 과일, 무항생제 달걀, 꿀, 콩과 허브 등을 지역 주민이 소비한다. 이타카 인근의 소규모

농가들은 다소 가격이 비싸더라도 지역 농산물을 소비해주는 주민들이 있어서 안심하고 양심적으로 농사를 지을 수 있다. 이타카 시민들도 이타카 인근 농부들에게서 식재료를 공급받기 때문에 항상 싱싱하고 건강한 식문화를 영위할 수 있다. 이타카에는 미국에서 가장 오래된 채식 레스토랑인 무스우드Moosewood Restaurant가 유명하다. 무스우드는 1973년에 뜻을 같이한 이들이 공동 창업하여 함께 주방에서 요리하고 운영하는 식당이다. 음식이 맛있고 정성이 들어있어 인기가 있다. 문을 연 지 수십 년을 거치는 동안 처음 시작했던 이들 가운데 그만둔 사람들도 있지만 식당의 전통은 고스란히 유지되고 있다. 이들은 단지 레스토랑을 경영하는 데 목표를 두고 있지 않다. 새로운 삶의 방식을 연구하고 실천하고 있다. 지구의 환경을 염려하고 지속가능한 삶을 고민한다.

1973년 설립된, 미국에서 가장 오래된 채식 레스토랑, 무스우드

채식주의를 고집하는 이유는 육식 위주 식생활이 지구 환경을 더욱 악화시킨다는 각성 때문이다. 축산업은 경작지의 83퍼센트 이상을 점유하고, 농업 부분 온실가스 배출량의 58퍼센트, 수질오염의 57퍼센트를 차지한다. 그러나 정작 육류가 제공하는 것은 인간이 섭취하는 열량의 18퍼센트, 단백질의 37퍼센트에 불과하다.

과도한 육류 섭취는 질병과 비만을 유발하기도 한다.[01]

무스우드 경영자들은 채식주의 메뉴를 개발하고 확산하려 노력하고 있다. 열 권이 넘는 채식 요리책을 출간했고, 지역 농부들에게서 공급받는 유기농 채소들을 재료로 간편식 메뉴를 개발하여 판매하기도 한다. 무스우드는 《본아페티》(프랑스어 Bon Appétit, '맛있게 드세요'라는 뜻)라는 잡지[02]가 선정한 '20세기 가장 영향력 있는 레스토랑'에 뽑히기도 했다.

이타카의 특색 있는 또 다른 문화 중 하나는 늦봄부터 늦가을까지 주말마다 열리는 파머스 마켓Farmers Market이다. 이타카 파머스 마켓 또한 무스우드와 함께한 1973년에 시작되었다. 1970년대 미국 사회운동가들이 반자본주의 진보적 대안문화를 고민하던 시기를 역사적인 배경으로 둔 셈이다. 이 장터는 반경 약 40km 인근에 거주하며 농사를 짓는 130여 농장의 농부들이 직접 기른 곡물, 과

---

01 유네스코한국위원회, 《아주 구체적인 위협》, (동아시아, 2022, p.79-80)

02 Bon Appétit는 1956년 12월 설립된 Condé Nast 간행물로 레시피, 재미있는 아이디어, 레스토랑 추천 및 와인 리뷰를 포함하는 월간 미국 음식 및 엔터테인먼트 잡지로 뉴욕 맨해튼에 본사가 있다.

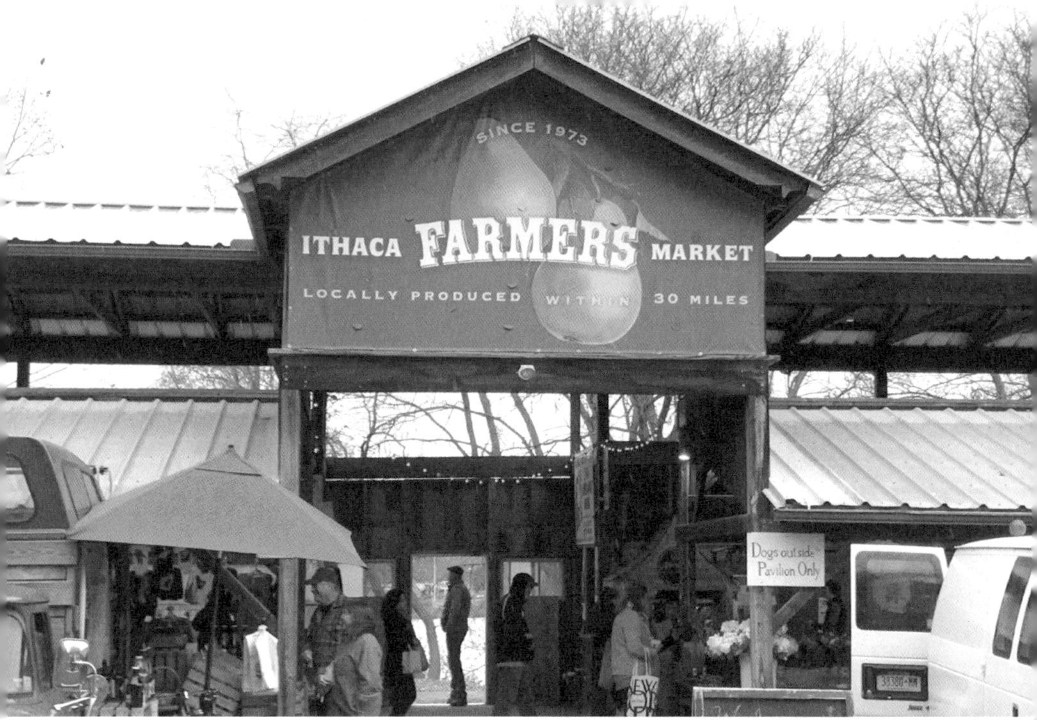

1973년부터 시작된, 반경 40km 인근의 130여 농가가 참여하는 이타카 농부장터

일, 채소, 달걀, 닭고기나 유제품 등 농축산물을 파는 직거래 시장이다. 직접 구운 빵이나 집에서 만든 쿠키, 잼, 벌꿀, 소스 등을 들고 나오기도 하고 여러 나라 풍미를 더한 독특한 음식을 즉석에서 만들어 팔기도 한다. 지역 예술가들은 도자기나 구슬 공예, 자연염색, 뜨개질 등의 수공예품을 들고나와 팔고, 악기 연주자나 노래를 부르는 사람들도 자리를 잡고 장터거리 공연을 하면서 하루를 즐긴다.

파머스 마켓이 열리는 장소 또한 아름다운 이야기를 담고 있다. 카유가 호수Cayuga Lake는 다섯 개의 손가락을 닮았다는 뉴욕주의 가장 큰 빙하 호수인 핑거 레이크스Finger Lakes의 다섯 개 호수 중 가장 큰 호수다. 카유가 호수와 두 번째로 큰 세네카 호수Seneca Lake는 모두 길이 64km 정도에 폭은 5~6km를 넘지 않는 기다란 호수다. 자동차가 생기기 전에는 이 두 호수를 잇는 물길을 따라 운행하는 증기선이 주요 교통수단 역할을 했다고 한다. 자동차 시대가 되면서 증기 여객선 선착장들은 버려진 공간이 되어버렸다. 한때는 공동체 삶의 중심으로 영화를 누렸던 한 장소가 천덕꾸러기가 되어버린 것이다. 그러나 이곳 사람들의 상상력, 열정 그리고 자발적 노력이 모여 지역공동체의 중심 장소로 변모했다. 이곳에 사람

핑거 레이크스의 다섯 개 호수 중 가장 큰 카유가 호수와 공원.
이 공원의 한쪽에서 이타카 농부 시장이 열린다.

들은 신선한 채소와 과일 그리고 아름다운 공예품 등을 사러 오기도 하지만, 아름다운 호숫가에서 음악을 들으며 간단한 점심을 사 먹는 소박한 즐거움을 위해 멀리서 찾아오기도 한다. 이타카 파머스 마켓은 여름철에는 하루에 관광객 5천여 명 이상이 방문하는 명소가 되었다.

지속가능한 지구 환경을 생각하면서 지역생산 농산물을 먹고 살자는 운동이 전 세계적으로 확산하고 있다. 이런 면에서 보면 이타카는 무척 선구적인 도시다. 50년 전 이미 지역 농산물을 먹고 채식주의로 살자는 운동을 생활 속에서 실천하고 있기 때문이다. 이타카 파머스 마켓이 채택한 강령 하나가 '쓰레기 제로' 운동이다. 인간이 환경에 미치는 부정적인 영향을 최소화하자는 것이다. 옥수수를 원료로 만들어 자연 분해되는 일회용 숟가락, 포크, 나이프 그리고 썩혀서 거름이 되는 음식물 쓰레기를 분리해서 처리한다. 플라스틱과 비닐봉지 안 쓰기 캠페인도 벌이고 있다. 그래서 이곳 사람들은 장바구니나 토트백, 자신의 머그컵을 가지고 다니는 것이 일상화되어 있다.

셋째는 협동조합형 생활문화다. 이타카에는 '그린 스타Green Star'라는 생활협동조합이 있다. 그린 스타는 이타카 시내에 큰 매장을 두었는데, 작은 국제마을답게 온갖 종류의 음식을 만들어 팔고 있다. 파스타와 샐러드류도 있지만 타이, 베트남, 한국식, 일본식 등 다양한 음식을 혼자 살거나 식구가 적은 사람들의 저녁거리로 제공하고 있다. 2004년, 그린 스타를 처음 방문했을 때 뜻밖에

지역에서 가공한 식료품과 지역 농산물을 위주로 판매하는 그린스타 생활협동조합 매장

도 김치를 팔고 있어서 깜짝 놀랐다. 생태와 환경에 대한 높은 의식, 차별이 없고 관용적이며 개방적인 시민 문화, 참여를 통해 다양성을 즐기는 도시문화, 대학과 생협이 중심이 되는 생활 공동체가 이타카의 특징이자 매력이다. 이타카 시민들에게는 모범적이고 선구적인 도시 생활하고 있다는 자부심이 바닥에 깔려 있다.

대자본이 운용하는 대형마트, 패스트푸드 체인스토어 등이 크게 환영받지 못하고, 큰 회사나 산업이 없어도 선순환되는 지역 자족적 경제 시스템을 만들어낸 것이다. 여기서 또 하나 빼놓을 수 없는 흥미 있는 것이 이타카 아워즈Ithaca Hours라는 지역화폐다. 사용하는 과정에서 상호 간 타협이 가능하지만 모든 사람의 한 시간 노동 가치를 동등하게 10불 정도로 계산한 시간을 기반으로 한 화폐라고 할 수 있다. 1991년 폴 글로버Paul Glover라는 사람이 지역 밖으로 부가 빠져나가지 않고 안에서 순환하는 구조를 만들기 위해 시작했다고 한다. 2022년 기준 지역화폐인 이타카 아워즈가 10만 달러 이상 유통되고 있다고 한다.

물론 이타카의 사례를 우리나라 도시 생활에 바로 적용하기는 어려울 것이다. 그러나 고작 인구 5만의 작은 도시가 이 같은 환경을 만들어낼 수 있다는 사실에 주목할 필요가 있다. 이타카는 시민들의 자발적 참여와 창의적인 아이디어로 성공한 도시다. 무스우드나 파머스 마켓은 아름다운 호수와 더불어 관광객을 끌어들이는 역할을 톡톡히 하고 있다.

남양주가 이타카가 될 수는 없어도 환경과 참여 문화, 한국형 도시공동체로 발전할 수도 있지 않을까 생각해본다. 내가 국회의원으로 당선된 남양주 진접 오남 별내 지역은 광릉숲이 자리잡고 있고, 오남의 호수공원, 왕숙천과 용암천 생태하천, 불암산과 수락산이 있다. 주거와 자연환경이 잘 어우러질 수 있는 여건이다.

진접에는 올해 처음으로 경기도 대표 축제를 선정하는 경기관광 축제에 뽑힌 광릉숲 축제가 있다. 또 진접에 소재한 남양주문화의집에서 주관하는 '나와유' 축제 등 시민들이 참여하는 지역 축제도 있다. 두 축제는 15년 이상 지속되어오면서 진접 주민들에게 즐거움과 뿌듯함을 안겨주는 자랑거리이기도 하다. 특히 마을 사람들이 각자 독특한 재료를 가지고 나와 부침개를 부쳐서 이웃 사람들과 나누어 먹는 '나와유 부침개' 축제와 어린이날 축제에서는 주민이 스스로 축제의 주체이자 즐기는 관객이기도 하다. 오남에는 호수공원 축제도 있다. 이 축제가 주민들이 더 적극적으로 참여하여 직접 프로그램을 만들고 집행하는 주체가 되기를 바란다.

광릉숲 안에는 조계종 제25교구 본사인 봉선사가 있다. 불교는 살생을 금지하는 생명 존중, 채식주의 전통의 친환경 문화 전통이 있다. 봉선사 입구 능안마을의 먹거리 거리에 있는 십여 개 식당들은 사찰의 영향권 아래 있었던 까닭에 네발 달린 짐승의 고기로 만든 음식을 파는 곳은 없다. 이곳의 식문화 또한 탄소중립을 지향하는 기후위기 시대에 우리 도시의 자랑거리로 내세우고 관광자원으로 살려나갈 가치가 충분하다고 생각한다. 또 하나, 진접은 수도권 팽창으로 농촌에서 도시로 바뀐 도농복합 도시이다. 농촌

나와유 지역축제인 부침개 축제와 어린이날 축제

이던 시대에 있던 농협이 금융기관으로, 여전히 농민들의 이익단체로 건재하다. 진접 농협은 채소, 달걀, 닭고기 등의 로컬푸드 매장을 성공적으로 운영하고 있다. 주말 농부 시장이 열린다면 이들이 적극적으로 참여할 수 있지 않을까.

네 발 달린 짐승의 고기가 없는 능안마을 식당 거리

02

광릉숲친구들 이야기

유네스코가 생물권 보전지역을 정하고 권장하는 데는 원칙이 있다. 인간과 자연의 상호작용을 지속가능한 선에서 해나가자는 것이다. 광릉숲길을 열면서 국립수목원과 약속한 부분이 있다. 숲길 관리를 시민들이 하겠다는 것이었다. 그렇게 해서 시작된 시민단체 '광릉숲친구들'은 광릉숲길을 청소하고 가꾸는 일에 일차적 목표를 두었다. 그러나 환경과 자연에 대한 우리 생각과 태도를 바꾸는 데 도움이 될 문화행사와 교육 홍보에도 힘쓰기로 했다.

광릉숲친구들 조직을 만드는 일 또한 그리 쉽지는 않았다. 시민이 광릉숲과 가까워지는 것부터 필요했다. 첫걸음은 2017년 3월부터 진접 주민들과 함께한 국립수목원 방문으로 시작했다. 이미 하루 500명까지는 남양주 시민이 국립수목원에 입장할 때 사전 예약을 하지 않고 입장할 수 있는 길을 연 바로 다음이었다. 참여한 지역의 주민들은 그동안 국립수목원의 아름다운 정원을 산책하거나 산림박물관을 관람하는 구경꾼에서 한발 나아가야 한다고 생각했다.

그날 우리는 식물에도 주권이 있으며 그 주권을 지켜야 한다는 것을 배우고, 국립수목원이 바로 우리나라 식물 자원 연구의 중심이자 식물 주권을 지키는 일을 하고 있음을 알았다. 이후 주민들

2018년 12월 경희대평화복지대학원 강당에서 열린 사단법인 광릉숲친구들 창립대회

사단법인 광릉숲친구들 창립대회에서 특강 중인 이유미 전 국립수목원장

광릉숲 관통도로 금연구간 지정을 위한 광릉숲친구들의 캠페인

과 함께 몇 차례 광릉숲 걷기 행사, 국립수목원 구석구석 탐방, 숲 속 음악회 등을 가진 후 마침내 사단법인 광릉숲친구들을 창립하게 되었다.

2018년 12월, 경희대 평화복지대학원의 강당에서 열린 광릉숲친구들 창립대회에는 추운 날씨에도 500명이 넘는 시민이 참석했다. 감격스러운 순간이었다. 광릉숲친구들의 운영위원을 맡은 최순희 차문화예절원 원장의 전통 차와 다과가 행사의 품격을 높여주었다. 광릉숲 축제를 이끌어온 윤수하 전 진접주민자치위원장이 운영위원장을, 조미자 진접 문화의집 관장이 부운영위원장을 맡았다.

광릉숲의 역사와 희귀식물에 대한 이유미 국립수목원장의 특강도 매우 인상적이었다. 앞으로 생태환경의 연구와 개발의 핵심기관인 국립수목원과 협력하여 유네스코 생물권 보전지역인 광릉숲을 지키고 가꾸어나가는 데 광릉숲친구들이 큰 역할을 할 수 있

생태계 교란종인 중국단풍잎돼지풀 제거에 나선 광릉숲친구들

을 것이라는 희망이 생겼다. 20년이 넘도록 더는 발견되지 않고 있는 크낙새 복원사업 추진을 NC 문화재단이 후원하기도 했다. 크낙새가 돌아오고 자동차 소리 대신 아이들의 웃음소리가 가득하고 음악회가 열리는 숲을 향한 꿈이 한껏 가까워진 듯한 창립대회였다.

2019년 5월 25일, 더할 수 없이 아름다운 신록의 계절에 걷고 싶은 광릉숲길이 열린 날은 광릉숲친구들의 잔칫날이 되었다. 새롭게 열린 길을 걸으면서 광릉숲친구들이 깜짝 이벤트로 마련한 아름다운 플루트의 선율도 만나고 향긋한 오미자차도 마셨다. 광릉숲친구들은 매달 한 번씩 모여 인근의 습지 공원부터 광릉숲길과 주변의 쓰레기를 줍는다. 음악회, 환경영화 상영, 환경 관련 특강 등을 연다. 환경과 생태에 대한 이해도를 높이고 기후위기 시대의 우리 삶에 대해 성찰도 한다.

2019년 5월부터 광릉숲친구들은 거리에서 뜨거운 여름을 보내야 했다. 남양주시의 일방적인 가구공단 이전 계획 때문이었다. 마석 가구공단을 광릉숲 옆에 방치되었던 골프장으로 이전한다는 청천벽력 같은 소식에 광릉숲친구들은 분노했다. 맨 앞에서 꽹과리를 치며 가구공단 반대를 외치며 조미자 부운영위원장은 거리의 투사가 되었다. 조미자는 당시 진접 문화의집 관장도 겸임하고 있었는데, 그의 용기에 감동했다.

조미자 진접 문화의집 관장은 나와유 부침개 축제를 최초로 기획한 아이디어의 귀재이기도 하다. 어떤 재료로도 쉽게 만들 수 있는 부침개는 우리나라 식문화에서 아주 특별한 음식이다. 잔칫날이면 빠질 수 없는 부침개는 만들기도 어렵지 않고 이웃과 나눠 먹기에는 그만한 음식이 없다. 우리 마을 진접에서 최초로 시작된 나와유 부침개 축제는 공영방송에도 소개된 적이 있을 정도로 독

광릉숲길 개통식 날 광릉숲친구들이 깜짝 이벤트를 마련했다.

뱀이 동면에 들어가고 풀숲이 사그라진 겨울철에 광릉숲 하천 청소에 나선 광릉숲친구들

창성과 참신함을 인정받은 행사다. 시민들이 각자 독특한 부침개의 이름을 붙이고, 개성 있는 반죽으로 휴대용 가스레인지와 기름을 들고나와 부침개를 부친다. 이웃들에게 자발적으로 한 턱 쏘는 행사이다. 시민들은 젓가락을 들고 다니며 온갖 종류의 부침개를 무료로 시식하고, 원하면 공짜로 제공된 막걸리도 한 사발 마실 수 있다. 진정한 축젯날은 이런 날이 아닐까.

기발하고 재미있는 부침개의 이름을 선정하여 상도 준다. 지난번 부침개 축제에서 우리 광릉숲친구들의 부침개 이름은 '광릉숲보煎(전)'이었다. 가장 요절복통을 자아낸 부침개는 문화의집 크낙새 연극반의 '한 번만 먹어보면 흥분직煎(전)'이었다.

2022년 지방선거를 앞두고 나는 조미자 관장에게 진접 도의원 출마를 권유했다. 그는 손사래를 쳤다.

"관장님, 관장님이 그동안 해온 일도 크게 보면 정치입니다. 그리고 정치와 행정이 잘못되면 어찌 되는지 보셨지요? 우리가 나서서 싸우지 않았더라면 광릉숲 옆에 가구단지가 들어설 수도 있었잖아요."

2022년 전국 지방자치 선거는 민주당이 고전한 선거였다. 그러나 조미자는 진접에서 20년 동안 시민들과 함께한 저력으로 당당하게 당선되었다. 문화운동가 조미자가 경기도 도의원이 되었다.

'광릉숲친구들'이 설립되고 나날이 성장하는 데 이바지한 보석 같은 이들이 여럿 있다. 물심양면으로 광릉숲친구들을 떠받치고 있는 이병로 이사장이다. 그는 각종 창호에 장착하는 시스템 잠금장

왼쪽 상단) 이병로 이사장님과 함께
왼쪽 하단) 2018년 광릉숲 축제에서 윤수하 이사와 함께
오른쪽 상단) 조미자 도의원과 함께
오른쪽 하단) 사단법인 광릉숲친구들 창립대회에서 임채원 이사와 함께

치를 생산하는 기술기업을 경영하고 있다. 1990년대부터 진접 지역에 자리를 잡고 지역 봉사도 열심히 해온 분이기도 하다. 이병노 이사장은 언젠가 자신의 수목원을 만들겠다는 꿈을 꾸고 있다.

임채원 이사는 공기가 좋은 곳을 찾아 이사를 한 곳이 광릉숲 옆이었고, 그 덕에 누구보다 광릉숲을 사랑하게 된 분이다.

윤수하 이사는 광릉숲친구들의 초대 운영위원장을 맡아 창립 초기부터 광릉숲 사랑을 실천하고 있다. 하루도 빠짐없이 매일 광

릉숲길을 걸으며 여기저기를 살피신다.

조주립 이사는 문화기획가로서 2000년대 초반, 북촌의 한옥이 사라져갈 위기에 처했을때 발 벗고 나서 지켜낸 분이다. 그 후 가회동의 한옥 거리는 서울에서 관광객들을 가장 많이 끌어들이는 곳 중의 하나가 되었다.

박경분 이사는 우리나라 소파 생산 1위 기업이자, 남양주의 대표적 기업 (주)자코모의 대표로서, 2000년 이탈리아 밀라노에 한국 가구업계 최초의 디자인 연구소를 설립할 정도로 앞서가는 여성기업인이다.

이진상 이사는 청년 사업가로 패션과 기능성 의류를 만들어 미국과 유럽의 유명 브랜드 회사에 판매하고 있다.

광릉숲친구들에는 밤하늘 수많은 별처럼 반짝이는 수십 명의 운영위원이 있고 매달 후원금과 회비를 내는 수백 명의 회원이 있

유네스코 생물권 보전지역인 순천만 습지를 탐방 중인 광릉숲친구들

다. 이분들이야말로 기후위기 시대의 희망이라고 믿는다.

광릉숲친구들은 매달 광릉숲 주변을 청소하고 아름다운 광릉숲을 오래오래 보전하기 위해 노력한다.

03
김한정이 꿈꾸는 도시 정치

우리나라의 여러 도시가 각자 도시 특성에 주목하여 도시문화에 대한 비전을 다시 정립해야 한다고 생각한다. 남양주가 그렇다. 광릉숲길을 조성하고 가꾸면서 참여한 시민들도 의식이 바뀌고 있다. 환경은 그냥 그대로의 자연이 아니라 자연을 어떻게 대하고 내용을 채우는가에 달려 있다. 특히 도시 인근 자연환경은 그대로 보존되기가 어렵다. 상시적인 훼손 위협이 따른다. 그렇다고 출입 금지의 보호지대로만 둘 수도 없다.

광릉숲에서 미국 뉴욕주 이타카의 생태 마을을 생각한다. 이타카 에코 빌리지Eco Village at Ithaca는 1991년 지구가 직면한 사회적, 환경적, 경제적 위기에 대한 긍정적인 해결책을 찾으려는 사람들이 만든 생태 마을이다. EVI 주민들은 일반 미국인보다 탄소발자

이타카 에코 빌리지 Eco Village at Ithaca

- 이타카 에코 빌리지(Eco Village at Ithaca, EVI)는 1991년 지구가 직면한 사회적, 환경적, 경제적 위기에 대한 긍정적인 해결책을 찾으려는 사람들이 만든 생태 마을임.
- 현재 175에이커에 3개의 동네를 만들어 100채의 주택을 짓고 220명이 살고 있음.
  - 영유아부터 80대까지 다양한 연령대의 사람이 독신, 부부 등 다양한 형태의 가족으로 살고 있으며 거주자의 직업도 농부, 소프트웨어 엔지니어, 간호사, 교사, 작가, 시인, 건축업자, 음악가 등 다양함.
  - 세 동네는 순서대로 FROG, SONG, TREE로 불리며 20년에 걸쳐 지어짐.
    - ≫ FROG(First Residents Group)는 1997년에 완공된 동네로 다양한 크기의 30가구가 서로 마주보게 지어졌으며, 모두 태양광 패널이 있는 패시브주택임.
    - ≫ SONG(Second Neighborhood Group)은 2006년에 완공되었으며 모든 주택은 Energy Star 인증을 받음.
    - ≫ 2015년에 완공된 TREE(Third Residential EcoVillage Experience)는 다가구주택으로 이루어져 있으며 LEED Platinum 인증과 매우 엄격한 Passivhaus 표준 인증을 받음.
- EVI 주민들은 놀이터, 세탁실, 사무실, 공동 주방 등 다양한 공동시설을 이용하고 카풀, 전자제품, 가구, 장난감 등을 재활용하면서 일반 미국인보다 생태발자국이 70% 적은 생활을 하고 있음.
- 주민들은 일주일에 2~3시간 정도 요리, 유지보수, 재무 등 다양한 마을 운영팀에서 자원봉사를 하며 공동체 생활을 이어나가고 있음.
- EVI는 땅과 농업을 건강하게 유지하는 다양한 프로그램을 진행하고 있음.
  - Land Partnership Team은 수년간의 관행농법으로 훼손된 생태계를 복원하고 야생동물 서식지를 보호하고자 하는 활동임.
  - Kestrel Perch라는 베리류를 기르는 유기 농장 등이 있으며 이 외에도 주민들은 집 근처에서 개인 텃밭 또는 공동체 텃밭을 가꾸고 있음.
  - Groundswell은 새로운 시대의 농업과 '음식시민[food citizens]'을 교육하기 위해 설립되었으며 식량정의, 지속가능한 농업 등에 관한 교육을 제공함.

출처 : 국회도서관

국이 70퍼센트 적은 생활을 하고 있으며, 일주일에 2~3시간 정도 요리, 유지보수, 재무 등 다양한 마을 운영팀에서 자원봉사 하며 공동체 생활을 이어나가고 있다. 광릉숲을 중심으로 우리 남양주 을 지역이 경제와 환경의 균형이 잘 유지되는 미래형 생태도시로 발전했으면 한다. 여기 중심에는 남양주 시민과 광릉숲친구들이 있었으면 좋겠다.

독일 프랑크푸르트시는 살기 좋은 도시로 유지하기 위해 '글로벌하게 생각하고 지역적으로 행동하라Global denken, lokal handeln'라

프랑크푸르트 도시 숲 Der Frankfurter Stadtwald

- 프랑크푸르트 도시 숲은 약 5,785헥타르Hektar에 달하는 독일에서 가장 큰 도시 숲 중 하나로 도시의 '녹색 허파die grüne Lunge' 역할을 한다.
  - 도시 숲은 도시의 남쪽에 위치하며, 주로 휴양을 원하거나 스포츠 활동을 즐기고 싶은 사람들이 방문한다.
- 프랑크푸르트 도시 숲은 그린벨트 지역이 거의 절반을 차지한다.
  - 이 지역에는 토양이 건조하고 모래가 많아 소나무와 떡갈나무가 흔하고, 멧돼지들이 많이 서식한다.
  - 도시 숲의 동부 오버발트Oberwald 지역은 석회질 토양으로 이루어지고 습해서 너도밤나무Buchen가 흔하고, 작은 개울 외 다수의 연못이 있다.
  - 위 지역 중 다름슈테터 란트슈트라세Darmstädter Landstraße 부근에는 많은 사슴Hirsche과 소를 보호하기 위한 울타리가 설치되었다.
- 도시 숲에는 영웅딱정벌레Heldbockkäfer, 사슴벌레Hirschkäfer, 딱따구리 종Spechtarten 등 멸종위기에 처한 생물들이 살고, 두 개의 '동식물 서식지Flora-Fauna-Habitat-Gebiete'에는 모래 토양에서만 자라는 희귀한 참나무들이 있다.

출처 : 국회도서관

는 모토 아래 도시를 지속가능하게 유지하고 있다. 도시 숲City Forest으로 유명한 프랑크푸르트시의 녹지화는 1991년 시의회가 도시 안팎의 녹지를 그린벨트로 지정해 장기적으로 보호하고 개발하기 위한 '그린벨트법GrünGürtel-Verfassung'을 제정하면서 시작되었다. 또한 프랑크푸르트가 속한 헤센주Land Hessen 정부는 1994년 시의 안팎을 경관보호구역으로 지정하고, 1996년 도시 전체를 연결하는 자전거 순환 도로를 완공했다. 그린벨트는 경관, 소풍 여행지와 넓은 산책로를 갖추어 프랑크푸르트 도시의 삶의 질을 높이는 데 중요한 역할을 하는 동시에, 동식물을 위한 휴식처도 제공하고 있다.

정치가 시민의 일상적인 삶과 거리를 보이고 자주 대립으로 치닫고 있다. 그래서인지 정치의 기초인 정당이라는 조직이 점점 일상적 시민의 삶과 멀어지는 현실을 본다. 나는 우리가 사는 도시에 대한 이상을 가지고 구체적인 삶의 현장에서 실천을 고민하는

광릉숲친구들, 광릉숲길에서

광릉숲친구들과 같은 단체가 새로운 시민 정치 모델이 될 수 있다고 믿는다. 우리의 삶과 직결하고 호흡 하는 정치가 건강한 사회를 만든다. 환경과 시민의 삶의 질을 우선적으로 추구하는 정치, 그런 정치가 내가 꿈꾸는 정치다.

이타카 에코빌리지

5부

숲이 사라지면 삶도 사라진다

01
우리가 초래한 기후위기

3년 전 결혼한 딸아이에게 아이를 낳아야 하지 않겠느냐고 물었다.

"기후위기가 이렇게 심각한데 아이를 낳는 것은 비양심적인 일이에요. 게다가 지구 인구가 80억을 넘은 지 오래되었어요. 우리나라 인구가 줄어든다고 하지만 전 지구적으로 보면 미어터질 지경이라고요. 전쟁난민, 기후난민들에게 나라의 문을 열면 되지 왜 우리에게 아이를 낳으라고 난리인 거예요?"

딸아이의 대답에 나는 말을 잃고 말았다. 식수조차 고갈 상황이라는 남부지방의 극심한 가뭄 소식에 이어 하루 걸러 산불 발생 소식이 가슴을 짓누른다. 게다가 올해 서울의 벚꽃은 102년 관측 사상 역대 두 번째, 부산의 벚꽃은 가장 빨리 피었다고 한다. 평년

개화 시기에 맞추어 준비해온 벚꽃 축제는 꽃 없는 축제가 되어버리고 말았다. 영국의 네이처 출판그룹이 발간하는 저널《네이처 기후변화》는 2021년 10월 인간의 탄소배출 등에 의한 기후변화가 세계 육지의 80퍼센트에서 일어나, 인구 85퍼센트 이상이 일상에서 그 변화를 겪고 있다는 논문을 게재했다.[01] 화석연료 사용 등 탄소배출로 인한 홍수와 열파, 산불, 가뭄, 식량난 등 기상이변 현상이 전 지구 차원에서 광범위하게 일어나고 있음을 확인한 연구결과다.

최근 지구와 관련한 다양한 용어가 많이 등장하고 있다. 기후변화, 기후재난, 온실가스, 기후협약, 탄소중립 등 전통적인 환경보호 개념 외에 전문적이고 과학적인 이야기를 쉽게 접할 수 있다. 이렇듯 기후위기는 텔레비전 광고 등에 나오는 북극곰의 생존 위기를 넘어서 우리 인류의 생존을 위협하는 심각한 문제가 되었다. 세계기상기구WMO에 따르면 2015~2019년은 기상 관측이 시작된 이래 가장 더운 5년이었다고 한다. 지구의 대기 온도는 산업화가 시작된 이래, 200년 동안 1.1도 올랐는데, 2011~2015년에만 0.2℃나 올랐다. 그런데 2015~2019년 동안의 이산화탄소 증가율이 2011~2015년에 비해 20퍼센트나 증가했다니 기온도 그에 비례해 오르고 있을 것이다.

지구 환경을 걱정하는 과학자, 연구재단, 환경운동가 중심으로 위기를 알리고자 매년 '기후위기시계', '환경위기시계'를 발표하여

01 '세계 인구 85퍼센트 이상, 인간이 초래한 기후변화 겪고 있어' (한겨레, 2021.10.12.)

지구 환경 파괴에 대한 경각심을 일깨우고 있다. 그만큼 기후변화는 위기를 넘어서 인류의 생존을 위협하는 상황에 직면하고 있다. 기후위기시계는 전 세계 과학자, 예술가, 기후활동가들이 참여하는 프로젝트로 전 세계 이산화탄소 배출량을 기반으로 지구의 평균온도가 산업화(1850~1900년) 이전보다 1.5℃ 상승하기까지 남은 시간을 나타낸다. 기후위기시계는 2020년 9월 뉴욕에 처음으로 설치된 후 우리나라는 세계 3번째, 아시아 최초로 2021년 5월에 설치되었다.

기후위기시계는 그레타 툰베리Greta Thunberg(2003년생)라는 소녀가 2019년 유엔 총회에 이 시계를 소개하고 싶다는 메일을 보내고, 당시 뉴욕에서 개최된 기후 정상회의에 참석하면서 세계적인 관심을 불러일으켰다.

기후위기시계는 왜 1.5℃ 상승을 기준으로 했을까? 1988년 기후변화의 과학적 규명을 위해 세계기상기구WMO와 유엔환경계획UNEP이 공동으로 설립한 국제협의체인 기후변화에 관한 정부 간 협의체IPCC, Intergovernmental Panel on Climate Change에서 2023년 3월에 승인한 〈IPCC 제6차 보고서〉에 따르면, 지구의 평균온도가 1.5℃ 상승하면 먼저 기상(날씨)에서는 폭염 발생 빈도 8.6배, 가뭄 발생 빈도 2.4배, 강수량 1.5배, 태풍 강도가 10퍼센트 증가하고, 해양에서는 해수면이 0.26m~0.77m 상승하고, 산호초 70~90퍼센트가 위험해진다. 특히 지구 온도 1.5℃ 상승을 억제하지 못하고, 2100년까지

2℃ 상승하면, 현존하는 동·식물의 18퍼센트가 멸종 위기[02]에 처할 전망이라고 한다.

지구 온도가 낮춰지지 않으면 점점 인류가 생활할 수 있는 공간이 작아지고, 더욱 심해지면 과학자들의 예측처럼 지구가 황폐해져 인류가 지구를 떠나야 하는 상황까지 올 수 있다고 한다. 에티오피아, 케냐, 소말리아 등이 위치한 동부 아프리카 지역은 2020년 10월부터 강우량이 평소 수준을 훨씬 밑도는 상황이 1년 넘게 이어지면서 40년 만에 최악의 가뭄을 겪었다. 다국적 과학자들의 기후연구단체 세계기후특성World Weather Attribution이 2023년 4월에 발표한 보고서에 따르면, 동부 아프리카 지역 최악의 가뭄 현상은 인간이 화석연료를 사용해 초래한 지구 가열화가 원인이라고 한다.[03]

환경재단은 매년 하반기에 '환경위기시계'를 발표해 환경위기를 경고한다. '2022년 환경위기시계'에 따르면, 우리나라 환경위기 시각은 자정에 다가서고 있는 21시 28분, 세계 평균은 21시 35분이다. 전 세계 평균 환경위기 시각은 전년(2021년)에 비해 7분 빨라졌고, 2년 연속으로 앞당겨지고 있다고 한다. 그만큼 지구에 환경위기 빨리 다가오고 있음을 경고하고 있다.[04]

---

02 세계자연기금WWF와 런던동물학회Zoological Society of London의 '지구생명보고서LPR, Living Planet Report'에 따르면, 기후변화와 인간의 환경파괴로 1970년부터 2018년까지 48년 동안 관찰된 야생동물 개체군의 규모가 평균 69퍼센트가 감소했다. 라틴아메리카와 카리브해 연안 지역의 경우 평균 94퍼센트, 같은 기간 동안 아프리카와 아시아·태평양 지역에서는 각각 66퍼센트 및 55퍼센트 감소했다.

03 40년만 최악 가뭄 겪는 아프리카…"인간이 초래한 재난" (기후솔루션 독립언론 펭귄, 2023.04.28.)

04 세계 환경, 기후위기 인식을 담은 '환경위기시계'는 1992년 처음 시작되었으며, 환경재단은 2005년부터 매년 일본의 아사히글라스 재단과 함께 대륙별, 국가별 환경오염에 따른 인류생존의 위기 정도를 시

국가별 온실가스 배출량

단위 : 100만 톤, CO2 eq.

구분	2020년	2019년	2018년	2017년	2016년
미국	4,736.5	5,246.4	5,372.7	5,177.8	5,239.7
러시아	2,096.0	2,208.8	2,151.9	2,057.4	2,018.2
일본	1,038.2	1,071.0	1,105.3	1,144.6	1,157.5
인도네시아	691.8	650.0	603.2	546.1	514.2
독일	598.9	658.3	708.9	733.6	749.0
캐나다	587.2	638.4	638.8	624.0	609.7
대한민국	**578.6**	**593.7**	**614.0**	**608.1**	**596.9**
멕시코	428.4	464.9	468.6	490.5	496.2
브라질	424.6	450.5	449.2	472.0	460.0
호주	424.4	430.1	428.1	429.8	423.9

출처 : 환경부(국가온실가스통계)

지구의 열이 우주로 빠져나가지 않도록 막아주는 게 바로 온실가스다. 덕분에 지구는 평균 15도의 쾌적한 온도를 유지해왔다. 온실가스가 없었다면 지구의 평균기온은 영하 18도라고 한다. 생물이 살아갈 수 없는 기온이다. 인류 역사에서 그동안 그렇게 고마웠던 온실가스가 이제는 왜 문제가 되었을까. 지구의 온도를 높이는 주요 원인은 인류의 활동 과정에서 배출되는 온실가스다. 온실가스는 수많은 공장 굴뚝과 자동차 배기관에서 내뿜는 이산화탄소와 메탄, 아산화질소, 수소불화탄소, 과불화탄소 등을 뜻한다. 이 기체들은 공중으로 올라가 지구를 둘러싼 대기권으로 흘러든다.

온실가스 중에서도 지구에 가장 큰 영향을 미치는 물질이 바로 이산화탄소다. 이 기체는 유리창처럼 햇빛을 통과시키지만, 지

간으로 표현해 발표해오고 있다(2022년은 전 세계 127개국 1,876여 명의 환경 관련 전문가와 시민사회 단체 활동가들이 참여했다). 환경재단 보도자료, 2022.09.08.

구에서 반사되는 복사열은 빠져나가지 못하게 만든다. 지구는 긴 역사를 통해 화산 폭발로 엄청난 양의 이산화탄소를 뿜어냈다. 그 중 일부는 대기에 남아 지구의 온도를 서서히 데웠지만, 그래도 다른 가스들과 완벽한 균형을 이루고 있어, 대부분 지역이 너무 춥거나 덥지 않아서 인류가 번성할 수 있었다. 대기 중에 떠도는 이산화탄소는 흡수되었다가 방출되기를 반복한다. 식물은 광합성을 통해 이산화탄소를 흡수하고 산소를 내보낸다. 물과 암석도 다시 이산화탄소를 흡수한다. 우리 인간은 산소를 들이마시고 이산화탄소를 내뱉는다. 화산이 분출할 때나 식물이 썩거나 동물이 죽어서 부패할 때도 이산화탄소가 나온다. 지구 역사의 대부분 시간 동안은 이산화탄소 흡수와 방출의 균형이 유지되었다. 이 균형은 150년 전부터 무너지기 시작했다. 아주 오래전 지구에 살던 식물들이 화석연료가 되었기 때문에 그 식물들이 함유했던 이산화탄소는 석탄이나 석유로 지하에 매장되어 있었다. 18세기 산업혁명은 석탄을 태워 모터를 가동하는 것에서 촉발되었다. 이후 화석연료를 태우는 대규모 공장들이 가동되면서 석유나 석탄 안에 묶여 있던 이산화탄소가 공기 중으로 풀려난 것이다. 자연이 다시 흡수할 수 있는 능력을 초과한 이산화탄소가 마구 쏟아져 나왔다. 우리가 지난 30년 동안 배출한 이산화탄소는 매년 200~300억 톤인데, 이전 수천 년 동안 모든 인간이 배출한 양과 맞먹는 규모라고 한다.[05] 온실가

---

05 안야 소임쉬셀, 이수영 역, 《도대체 기후위기가 뭐야?》 (비룡소, 2021, p.26-29)

스 중에는 메탄도 있다. 메탄은 석유와 천연가스를 채굴하거나 소들이 먹이를 소화하는 과정에서 나온다. 이산화탄소보다 28배나 기후에 해롭지만 대신 약 9년 정도 대기에 머물다가 분해된다고 한다. 그러나 이산화탄소는 한번 배출되면 최대 200년까지 대기에 머문다.

많은 전문가가 현재 지구는 대재앙의 길 위에 있고, 2050년까지 인류가 지금처럼 온실가스 등 오염물질을 배출하는 생산과 소비 활동을 이어간다면 지구가 인류를 거부할 것이라고 단언한다. 지구와 비슷한 새로운 행성을 찾아 떠나는 것 외에 대안이 없다고 경고하고 있다. 그래서 전 세계는 2018년 우리나라 송도에서 열린 제48차 기후변화에 관한 정부 간 협의체 총회에서 지구 평균온도 1.5도 억제를 목표로 하는 '1.5도 특별보고서'를 채택했다.

현재 지구의 평균기온은 10년마다 0.2℃씩 높아지고 있다. 학자들은 지구가 1.5℃ 이상 오르지 않게 하는 선에서 인류가 내보낼 수 있는 이산화탄소량이 어느 정도 남았는지 계산했다. 이산화탄소 배출 허용량을 탄소 예산carbon budget이라고 하는데 우리는 이미 이 예산의 3분의 2를 써버렸다. 우리의 탄소 예산은 2027년 안에 소진될 것이라고 한다. 지구의 평균기온이 1.5도 이상 오르지 않게 하려면 2030년까지 이산화탄소 배출량을 2010년의 45퍼센트 이상 줄여야 한다. 2050년까지는 전 지구의 이산화탄소 배출량을 "0"으로 만들어야 한다. 이것이 탄소중립Net-Zero이다.

02
기후위기 시대의 숲

지구의 온도 상승을 억제하고, 온실가스 중 이산화탄소를 효과적으로 감소시키는 데는 숲(산림)의 조성과 보존이 효과적이다. 이러한 숲은 전 세계 약 80억 명의 휴식처이자 음식, 나무, 약재료, 신선한 물 그리고 우리가 숨 쉬는 공기를 포함한 광범위한 자원과 함께 약 16억 명의 생계와 수많은 야생동물을 위한 보금자리를 제공한다.[06] 울창한 숲의 나무를 포함한 식물들은 자라면서 대기에 있는 이산화탄소를 흡수한다. 열대우림에만 무려 210GT(기가톤)이 넘는 탄소가 저장되어 있는데, 이는 인간의 활동으로 매년 배출되는 양의 7배에 달한다. 또한 숲에는 육상 식물과 동물 종의 80퍼센트

06 세계자연기금 홈페이지, wwfkorea.or.kr

가 서식하며, 1㎢ 크기의 숲은 약 1,000종 이상의 생물이 살아가는 터전이 되고 있다.

세계식량기구FAO, Food and Agriculture Organization of the United Nations에 따르면, 숲이라 일컫는 전 세계 산림자원은 약 40억 6천만ha로 지구상 육지 면적의 31퍼센트에 해당한다. 전 세계에서 산림면적이 가장 넓은 국가는 러시아이며, 브라질, 캐나다, 미국, 중국 순으로 산림자원을 많이 보유하고 있다.

그러나 지난 30년(1990~2020)간 세계 산림면적은 1억 7,800만ha가 감소했고, 이는 아프리카 국가인 리비아 전체 면적과 유사하다. 전 세계의 거대한 숲이 매일 파괴되고 숲에 대한 위협은 점점 커지고 있다. 인구 증가와 산림 벌채 등은 전 세계 산림 훼손의 주요 원인이며, 훼손된 숲으로 인해 대기 중 온실가스가 증가하고 가뭄과 산불 등 기후재난이 빈번하게 발생하고 있다.

세계자연기금WWF, WORLD WIDE FUND FOR NATURE은 매년 1,000만ha의 숲이 사라지고, 인간 활동의 영향으로 이미 전 세계 숲의 약 40퍼센트가 훼손되었다고 분석한다. 매년 우리나라 전체 면적 크기와 유사한 약 300억 평(1,000만 ha)의 숲이 사라지고 있다. 또한 세계자연기금은 보고서(2021.01.12.)에서 2004년부터 2017년 사이 사라진 숲의 면적은 약 130억 평(4,300만 ha)으로 독일이나 미국 캘리포니아주 전체 면적보다도 크다고 지적했다.[07]

---

07 지난 10여 년간 미국 캘리포니아주 면적보다 큰 숲이 사라졌다. (《경향신문》, 2021.01.13)

산림면적 상위 5개국

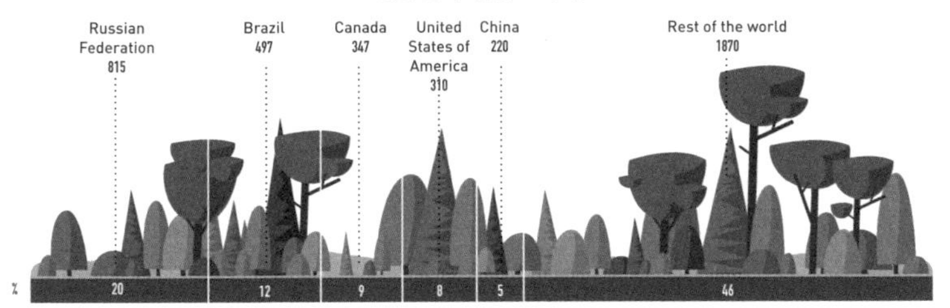

출처: FAO 세계산림자원평가보고서, 2020

연간 산림 확장 및 산림 벌채 비율 (1990~2020년)

출처: FAO 세계산림자원평가보고서, 2020

세계자연기금은 8,000년 전에는 지구 육지의 절반이 숲으로 덮여 있었지만, 지금은 30퍼센트로 줄어들었다며 숲이 충격적인 속도로 사라지고 있다고 밝혔다. 바닷물과 민물이 만나는 지역에서 형성되는 맹그로브 숲Mangrove Forest 역시 기후위기로 인한 해수면 상승과 강수량 변화 등으로 숲을 구성하는 종들이 달라지거나 파괴되어 가고 있다. 특히 세계자연기금은 지구에 존재하는 전체 동식물의 5퍼센트가 서식하는 브라질 세라도가 콩 경작과 목축업을 위해 빠르게 개간되면서 2004년~2017년 기간 전체 숲의 32.8퍼

인도네시아 열대우림 수마트라섬 산악지역이 벌목으로 민둥산으로 변모한 모습

출처 : AFP 연합뉴스 자료사진 (국제환경단체 그린피스 2010년 8월 항공촬영)

센트가 사라졌다고 강조한다. 또 아르헨티나, 볼리비아, 파라과이 세 나라에 걸쳐 있는 그랜 차코Gran Chaco(아열대 대평원)에서는 숲의 26퍼센트가 파괴됐고, 인도네시아 수마트라섬에서도 25퍼센트의 숲이 사라졌다고 지적했다.[08]

우리나라 산지에 분포된 아고산대 침엽수림Subalpine conifer forest도 기온 상승과 강수량 부족 등으로 위협받고 있다. 아울러 한국 특상종이자 국제 멸종위기종인 구상나무의 경우 한라산 기온이 상승하면서 과거에 비해 약 40퍼센트 정도 사라지고 있다. 산림청 통

08 지난 10여 년간 미국 캘리포니아주 면적보다 큰 숲이 사라졌다. (《경향신문》, 2021.01.13)

전 세계 산림 벌채 범위

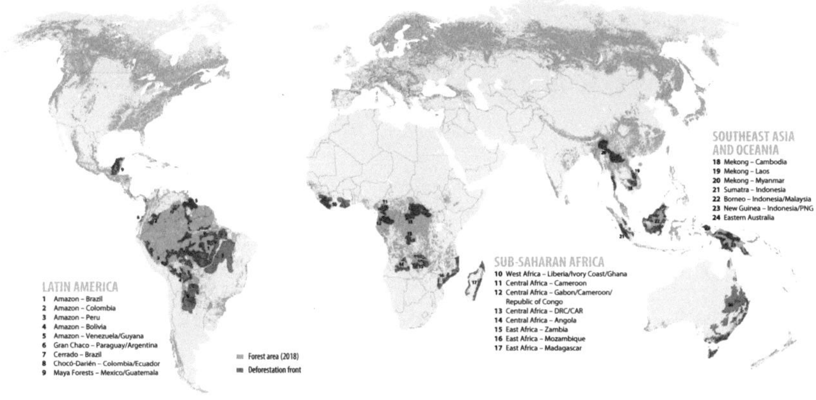

출처: WWF International 2020, Deforestation Fronts

계자료에 따르면, 국토의 70퍼센트가 산지라고 하는 우리나라는 도로 건설과 공장건설 등으로 최근 5년(2015~2020년)간 약 7천만 평의 산림이 감소했다.

숲의 식물과 토양은 인간이 만들어내는 탄소의 약 3분의 1을 흡수하고, 지구와 생명체에 중요한 산소 공급원이다. 이런 숲이 사라지면 기후변화와 생물다양성 파괴, 코로나19와 같은 신종 감염병 출현을 가속한다. 세계자연기금의 프랜 레이먼드 프라이스Fran Raymond Price는 "경제 성장과 이익보다 건강과 자연에 더 큰 가치를 둬야 한다."라면서, "새로운 감염병을 막기 위해서라도 그것이 인류에게 가장 이득이기 때문"이라고 말했다.

구체적으로 산지인 숲은 인간에게 어떤 도움을 주고 있을까?

이에 대해 산림청은 숲의 공익적 기능을 다음과 같이 이야기한다.

첫째, 울창한 숲은 쾌적한 생활환경을 제공하며 피톤치드phytoncide라는 방향성 물질을 많이 발산하여 마음의 안정을 가져오고 건강에 큰 도움이 된다.

둘째, 인간의 호흡 활동에 필요한 산소를 생산하고 지구온난화 현상을 일으키는 이산화탄소와 인간에게 해로운 대기 중 오염물질을 흡수한다. 나뭇잎은 공기 중의 먼지, 아황산가스 등 오염물질을 흡착해 공기를 정화한다.

셋째, 산림은 수해를 예방하고 깨끗한 물을 서서히 공급하여 인간 생활에 절대적으로 중요한 역할을 한다. 산림이 갖는 물의 저장 능력은 연간 179.7억 톤으로서 ha당 2,780톤이다. 참고로 우리나라 논의 물 저장 능력은 34억 3,800만 톤으로 소양강 다목적 댐 저수량보다 약 1.2배나 더 많다.

넷째, 야생동물의 서식처를 제공하고, 들짐승에게는 풍부한 해충을 먹이로 제공하여 산림이나 농작물에 끼치는 피해를 줄여준다. 조류에 의한 연간 해충방제 효과 면적은 약 2,042천ha에 이른다.

다섯째, 나무뿌리 등은 비가 올 때나 물이 흘러갈 때 토사가 유출되는 것을 막아주어 농경지 매몰이나 하천의 바닥이 높아지는 것을 방지한다. 1ha당 토사가 흘러내리는 양은 나무가 없는 산이 울창한 산보다 약 277배나 많다.

여섯째, 산사태 등의 재해를 방지하여, 인명 피해나 농경지 유실 등을 막아준다. 울창한 숲의 연간 토사 붕괴 방지량은 약 5억㎥

나 된다.

숲(산림)의 공익적 가치에 대해 국립산림과학원은 2018년 기준으로 약 221조 원으로 평가했다. 평가액 중 온실가스 흡수와 저장이 75.6조 원으로 가장 큰 비중을 차지한다.

이렇듯 숲의 다양한 공익적 기능 즉, 지구 환경과 생태계에 주는 효과는 무궁무진하다. 그렇다면 광릉숲은 어떤 역할을 하고 있을까?

환경부 온실가스 종합정보센터에 따르면, 2020년 우리나라의 온실가스 배출량(CO_2e, 이산화탄소 환산량)은 약 58억 톤이라고 한다. 우리나라 온실가스 누적 배출량은 세계 17위인데, 광릉숲 하나하나가 모여 온실가스 배출을 감소시킬 수 있다. 광릉숲은 지구온난화 방지의 핵심인 이산화탄소를 단위면적(ha)당 약 620톤 즉, 약 150만톤을 저장하고 있다. 최근 10년간 보존으로 큰 변화 없이 일정 수준의 이산화탄소를 저장하고 있으니 다행스러운 일이다.

광릉숲에서 탄소를 가장 많이 품고 있는 나무는 어떤 나무일까? 일반적으로 상수리나무가 탄소를 가장 많이 흡수할 수 있다고 알려져 있었는데, 최근 아까시나무의 이산화탄소 흡수능력이 더 탁월하다고 나타났다. 일반적으로 나무는 30~40년생을 기준으로 이산화탄소 흡수 능력이 급격히 떨어지는데, 아까시나무는 다른 나무들과 달리 이산화탄소 흡수 능력이 전혀 줄어들지 않는다. 그동안 온실가스를 가장 많이 흡수하는 것으로 알려졌던 상수리나무 30년생이 연간 이산화탄소 14.6kg를 흡수하는 데 반해, 광릉숲의

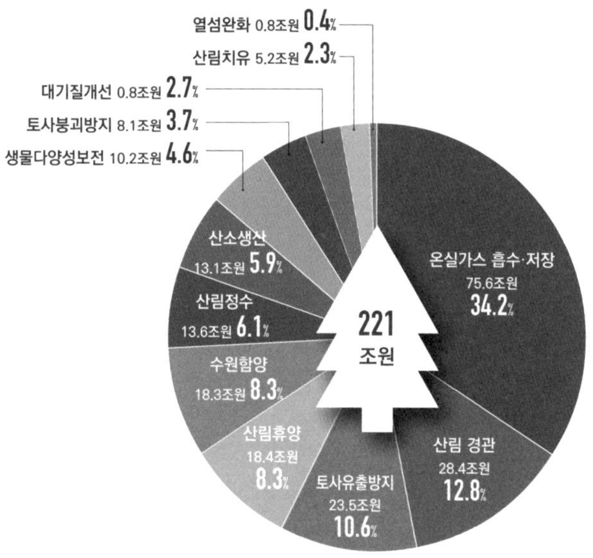

출처: 산림공익기능 평가 결과와 시사점, 국립산림과학원(2020.05.01.)

100년이 넘은 아까시나무는 최고 31kg까지 이산화탄소를 흡수하고 있다니 실로 놀랍다.

국립산림과학원에서 광릉숲 내 1ha 면적에 서식하는 133그루의 아까시나무를 조사해보니, 이들 나무 한 그루의 연간 이산화탄소 흡수능력이 평균 12.2kg에서 최고 31kg으로 나타났다고 한다. 이 나무들은 지난 1914년 조림되어 수령이 무려 100살을 훨씬 넘은 것으로 측정되었고, 가장 큰 나무는 둘레가 최고 2.76m, 높이는 29m 정도에 달한다. 사실 아까시나무는 1900년 초에 황무지 녹화와 땔감용으로 도입되어 전국에 식재되었다고 한다. 광릉숲에는 우리나라에서 가장 오래된 아까시나무가 집단서식하고 있다. 어떤 곳에서나 잘 자라 산림녹화 시기에 대표 나무로 전국에 심어졌던 아까시나무는 그동안 목재로서 가치가 없고, 다른 나무의 생존을 방해하는 천덕꾸러기 취급을 받아왔다. 그런데 기후위기 시대에 이산화탄소 흡수율이 높은 아까시나무가 새로운 스타로 등극하고 있다. 게다가 꿀벌이 사라지는 시대에 아까시나무꽃은 양봉농가에 매년 1,000억 원 이상의 수입을 가져다주는 고마운 밀원식물이다.

숲은 미세먼지를 줄이는 데도 큰 역할도 담당한다. 국립산림과학원의 연구에 따르면 1년 내내 잎을 달고 있는 상록수인 침엽수가 연면적이 더 커서 미세먼지를 잡아내는 데 효과적이라고 한다. 나무 한 그루가 1년에 약 36g, 에스프레소 한 잔 정도의 미세먼지를 정화한다고 한다. 같은 도시에서도 도시 숲 안에서는 도심에 비해 미세먼지가 40퍼센트 정도가 낮다. 따라서 도시 숲을 더 조성하고 구석구석 작은 공간이라도 비어 있는 곳에 나무를 더 많이 심어야 한다.[09]

지구와 인간의 생존을 위해서라도 숲이 파괴된 곳이라면 복원하고 조림과 재조림에 심혈을 기울여야 한다. 특히 산불로 황폐해진 숲을 반드시 복원해야 한다. 2023년 1월부터 4월까지 441건의 산불이 발생했는데, 2013년부터 2022년까지 10년 평균 같은 기간

---

09 〈YTN 사이언스〉, 2017년 10월 10일

발생한 294건의 1.5배 수준이다. 잦은 산불은 기후변화로 인해 높아진 기온과 건조한 날씨 때문이다.

전 세계적으로 파괴되고 사라지는 숲이 증가하는 상황에서 유네스코가 인정한 광릉숲은 우리가 지켜내야 할 소중한 자원이다. 우리의 편의에 따라 개발 여부 자체를 고민해서는 안 되는 국가와 국민의 숲이다. 광릉숲이 우리에게 주는 공익적 가치는 숫자로 환산할 수 없다. 우리도 모르게 늘 광릉숲으로부터 받기만 하고 있다는 점을 잊지 말아야 한다.

활엽수보다는 상록수인 침엽수가 항암, 스트레스 해소, 심리 안정 효과가 있다는 피톤치드의 발생량도 많고, 미세먼지를 정화하는 효과도 더 뛰어나다.

03
생물다양성의 고갈

올봄 남양주 지역 별내 인근 먹골배 농장에서 배꽃이 필 무렵 급작스럽게 냉해가 닥쳤다. 그 바람에 배꽃 수정이 안 되어 먹골배 농사를 짓는 분들의 걱정이 이만저만이 아니다. 이상 저온으로 인해 부지런히 움직이며 꽃가루들을 옮겨주어야 하는 꿀벌들이 잘 보이지 않는다고 한다. 기온 상승이나 이상기후 자체도 문제지만 기후변화로 인해 초래될 생물다양성 고갈이 더 큰 문제이다. 숲이 사라지면 생물도 함께 사라지기 때문이다.

생물다양성biological diversity은 지구상 생물종Species의 다양성, 생물이 서식하는 생태계Ecosystem의 다양성, 생물이 지닌 유전자Gene의 다양성을 총체적으로 지칭하는 말이다. 전 세계는 생물다양성의 중요성을 알리기 위해 매년 5월 22일을 '세계 생물다양성의

국가 생물 다양성 정보공유체계

종다양성(Species diversity)
종종 식물, 동물 및 미생물의 다양한 생물종으로 이해되고, 일반적으로 한 지역내 종의 다양성 정도, 분류학적 다양성을 지칭합니다.

생태계 다양성(Ecosystem diversity)
사막, 삼림지, 습지대, 산, 호수, 강 및 농경지 등의 생태계의 다양성을 의미하고 한 생태계에 속하는 모든 생물과 무생물의 상호작용에 관한 다양성을 의미합니다.

유전다양성(Genetic diversity)
종 내의 유전자 변이를 말하는 것으로 같은 종 내의 여러 집단을 의미하거나 한 집단 내 개체들 사이의 유전적 변이를 의미합니다.

출처 : 국가생물다양성센터

날'로 지정해 기념하고 있다.

가장 보편적으로 사용하는 생물다양성의 단위는 종 다양성이다. 종 다양성과 생태계 다양성이 다양할수록 유전자 다양성도 증가하는 것이다. 생물다양성 체계 속 모든 구성요소 사이의 균형은 생태계와 사람을 포함해 동식물이 건강을 유지할 수 있도록 돕는다. 그래서 생물다양성이 높은 곳에서는 공존할 수 있다. 자연에는 유전적으로 다양한 개체들이 함께 살기 때문에 어떤 개체는 특정한 질병에 취약해도 다른 개체들은 살아남는다. 이렇듯 우리가 사는 지구 생태계는 촘촘하게 연결되어 있다.

주변에서 볼 수 있는 벌과 나비를 예로 들어보자. 벌과 나비가 있어야 식물의 꽃가루가 옮겨져 수정되고 수정이 되어야 식물들이 열매를 맺는다. 열매는 초식동물의 먹이가 되고 초식동물은 육식동물의 먹이가 된다. 이렇듯 벌과 나비가 사라지면 우리 인간들의 식량 생산에 엄청난 위협을 주어 우리 삶도 위태로워진다.

생물다양성의 손실은 인류의 문화와 복지, 더 나아가 인류의 생존을 위협하는 요인이 된다. 생물은 인류에게 식량, 연료, 산업 자재, 의약품 등 우리 삶에 필요한 에너지와 자원을 공급한다. 또한 토양, 공기, 물을 정화하고 산사태를 막아주는 등 환경조절 역할을 하고 있다. 최근에는 생물을 재료로 이용하는 생물산업이 급부상하면서 생물다양성이 국가 경쟁력에 커다란 영향을 미치고 있다.[10] 생물학자들은 지금 수준으로 환경 파괴가 지속된다면 2030년경에는 현존 동식물의 2퍼센트가 절멸하거나 조기 절멸의 위험에 처할 것이라 추정한다. 이번 세기말에 이르면 절반이 사라질지도 모른다고 경고한다.

생물다양성 감소에 대해 국제적인 우려 속에 1987년 6월 유엔환경계획United Nations Environment Programme, UNEP은 생물다양성보전을 위한 국제적 계획을 마련했다. 이후 5년간 협약 작성과 의견수렴 과정을 거쳐 1992년 6월 리우 유엔환경개발회의United Nations Conference on Environment and Development, UNCED에서 기후변화협약, 사막화방지협약과 함께 생물다양성협약CBD, Convention on Biological Diversity[11]을 채택했다.

1980년 이후 30년 동안 식물 자원, 동물자원, 화석연료, 광물,

---

10 국가 생물다양성 정보공유체계(www.kbr.go.kr) (국가생물다양성센터)

11 생물다양성협약 1조에 따르면 생물다양성 협약의 목적은 △유전자원과 유전기술에 대한 모든 권리를 고려한 유전자원에 대한 적절한 접근, △관련 기술의 적절한 이전 및 적절한 재원제공 등을 통한 생물다양성 보전 및 그 구성요소의 지속가능한 이용, △유전자원의 이용으로부터 발생하는 이익을 공정하고 공평하게 공유하는 것이다.

생물다양성 관련 국제 지침

나고야 의정서 (the Nagoya Protocol)	아이치 타겟 (Aichi Target)	쿤밍-몬트리올 글로벌 생물다양성 프레임 워크
• 2010년 제10차 생물다양성협약 당사국 총회에서 채택	• 2010년 제10차 생물다양성협약 당사국 총회에서 채택	• 2022년 제15차 생물다양성협약 당사국 총회에서 채택
• 유전자원 이용에 따른 이익을 공정하고 공평하게 하여 생물다양성 보전과 지속가능한 이용	• 생태계의 회복력을 높이고 생물다양성 손실을 줄이기 위한 5개 전략 목표와 20개 세부목표로 구성	• 2050년까지의 목표(Goals 4개), 2030년까지의 실천목표 (Targets 23개), 이행 및 평가과 관련된 사항 등으로 구성

출처 : 국회도서관, UN 생물다양성협약(2023년 5월)

건축재료 등 물질의 개인당 소비량이 15%나 증가했다고 한다. 자연으로부터 자원을 추출하는 1년 평균량이 1980년 이래로 두 배로 늘었다. 해마다 3~4억 톤의 중금속과 용제 등 독성 폐기물이 수생태계로 버려지고 있고, 해양의 플라스틱 오염은 무려 10배나 늘었다.

인간 활동의 영향으로 자연생태계는 47퍼센트나 사라졌고 과학자들이 연구하는 동식물 그룹의 약 25퍼센트가 멸종위기에 처해 있다고 한다. 현재 지구에 현존하는 것으로 보이는 약 800만 종 동식물 가운데 적어도 100만 종은 심각한 멸종위기에 놓여 있다고 생물다양성 과학기구IPBES, Intergovernmental Science-Policy Platform on Biodiversity and Ecosystem Services [12]는 경고한다. 예를 들면 야생 조류의 경우, 조류 인플루엔자에 걸려도 죽는 새들이 있는가 하면 살아남는 새

12 생물 다양성 과학기구는 유엔환경계획(UNEP) 주도로 유네스코(UNESCO), 세계식량기구(FAO), 유엔개발계획(UNDP)이 참여하여 공동으로 2010년에 설립된 독립적 정부 간 협력체임. 생물다양성의 보전과 지속가능한 활용(conservation and sustainable use of biodiversity), 장기적 차원의 인간의 웰빙(long-term human well-being) 등을 지원(외교부, 생물다양성 과학기구(IPBES) 및 사무국 소개, 2014.10.16.)

들이 있다. 양계장에서 알 낳는 기계로 살아가는 닭들의 경우는 어떨까? 그들은 좁은 우리에 갇혀서 하루에 하나씩 알을 낳도록 인위 선택하여 만들어낸 복제 닭 수준이다. 그러니 바이러스가 들어가면 밀집된 환경에서 빠르게 전파되고, 몰살당하고 만다.

농장의 돼지나 소도 마찬가지이다. 오랜 세월 동안 육질이 좋은 소와 돼지를 얻기 위해 수천수만 세대 인위 선택을 거치며 유전자 다양성이 거의 사라진 복제 소, 복제 돼지 수준의 동물들이다. 그래서 아프리카 돼지 열병 같은 바이러스에 한 마리만 감염되어도 순식간에 번져버린다. 그러니 몇 마리만 감염되면 수많은 소와 돼지를 살처분하는 끔찍한 일들이 자주 발생한다.

시베리아에서 고병원성 조류 인플루엔자에 걸린 철새가 우리나라 농가에 있는 닭들에게 바이러스를 옮길 가능성은 거의 없다. 북아프리카에서 발병한 돼지 열병 바이러스도 우리나라 멧돼지가 옮겨 받을 방법도 없다. 사실 그 병을 옮기고 다닌 범인은 사람, 비행기, 자동차 그리고 사료와 같은 축산 관련 물품이다. 문제의 본질은 유전자 다양성의 감소이며 공장식 사육이다. 이러한 동물 전염병을 피하려면 유전자 다양성을 높이고 사육 환경을 개선해야 하는 것이다.

현재 지구의 야생생물 개체수는 1970년에 비해 3분의 1밖에 되지 않는다. 개체수가 줄면 유전자 다양성도 함께 줄고 생태계 서비스 능력도 감소한다. 지구의 생물다양성을 조금이라도 증가하도록 만들려면 생태계 보전과 복원에 힘써야 한다. 생물다양성 파

광릉숲 생물권 보전지역의 구역

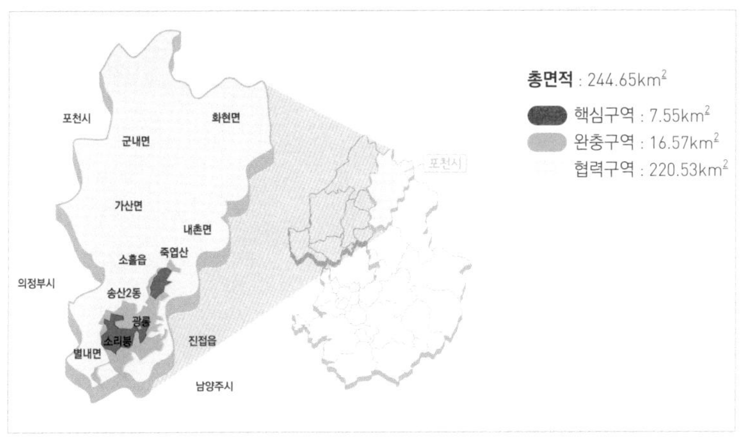

주 1. 핵심구역(core zone) : 엄격히 보호되는 지역으로 극상에 도달한 온대활엽수림을 이루고 있는 대한민국 최대 산림생물다양성 보고

2. 완충지역(buffer zone) : 핵심지역을 둘러싸고 있거나 인접한 지역으로 국립수목원과 산림경영기술연구소, 광릉, 봉선사가 위치

3. 협력구역(transition zone) : 완충구역을 접하고 있으며 다양한 이해당사자들이 함께하는 지역으로 농업활동 및 주거지, 기타 다른용도로 이용되며 지속가능한 발전을 위해 지역의 자원을 함께 관리하고 일하는 지역

출처: 광릉숲 생물권보전지역 관리센터

괴가 지속된다면 인류생존에 큰 위협이 될 수도 있다. 인류는 의식주, 특히 음식물과 의약품 등을 생물다양성 구성요소로부터 얻어왔다. 거의 모든 의약품이 식물과 동물로부터 얻어진다. 미국의 경우 조제되는 약 처방의 25퍼센트가 식물로부터 추출된 성분을 포함하고, 3,000종류 이상의 항생제가 미생물에서 얻어지며, 동양 전통 의약품도 5,100여 종의 동식물을 사용하고 있다.

생물다양성의 가치는 특히 농업에서 잘 드러나는데, 육종가나 농부들은 오래전부터 생산력을 늘리기 위해 유전적으로 뚜렷한 몇

생물 다양성 비교

구분	생물종수	면적(㎢)	종수/면적
광릉숲	**6,251**	**24.4**	**256.1**
지리산	4,325	483.0	8.9
설악산	4,725	398.2	11.8
소백산	3,523	322.0	10.9
한라산	2,546	153.0	16.6

출처: 광릉숲 생물권보전지역 관리센터

몇 품종을 교배해 유전적 다양성을 늘리고, 변화하는 환경조건에 적절히 반응하기 위해 유전적 다양성을 이용해왔다. 특히 생물다양성은 환경 오염물질을 흡수하거나 분해하여 대기와 물을 정화하고, 토양의 비옥도와 적절한 기후조건을 유지하는 데 결정적인 역할을 한다.[13]

우리 곁에 있는 광릉숲은 서울에서 아주 가까운 곳이다. 광릉 광릉숲에는 어린나무부터 오래된 고목에 이르기까지 다양한 식물군(946종)이 분포한다. 또한 광릉숲은 장수하늘소와 같은 곤충(3,932분류군)이 많다 보니 이들 곤충을 먹고 사는 까막딱따구리, 오색딱따구리, 쇠딱따구리 등 조류상(187종)도 다양하다. 이외에도 버섯(694), 포유류(29종), 양서·파충류(30), 어류(40) 등 총 6,251여 분류군의 다양한 생물이 살고 있어, 우리나라에서 단위 면적당 가장 많은

13 환경부 국립생물자원관(https://species.nibr.go.kr/index.do)

생물종이 서식하는 생물다양성의 보고라고 할 수 있다. 또한 크낙새, 장수하늘소 등 20종의 천연기념물과 8종의 특별산림보호대상종, 19종의 법정보호종을 가지고 있어 생태적으로도 중요한 의미가 있다. 광릉숲의 중요성과 가치는 2010년 유네스코 생물권보전지역으로 지정되면서 전 세계적으로 인정받고 있다.

우리가 광릉숲을 보존해야 하는 이유는 이렇게 많은 종을 보유하고 있는 생태계이기 때문이고, 그 생태계를 잘 보존해왔기 때문에 생물다양성이 높게 유지된 것이다. 그러나 이 숲도 위험에 노출되곤 한다. 광릉숲은 점점 섬이 되어가고 있다. 인근에 공장들이 많아지고, 지방자치단체에서는 쓰레기 소각장을 짓겠다고 한다. 우리가 나서서 광릉숲을 지켜야 하는 이유는 끝이 없다.

6부

기후위기와 정치의 각성

01
기후위기는 실제 상황이다

지구가 더워지고 있다. 지구촌 곳곳에서 폭염, 폭우와 홍수, 극심한 가뭄, 대형 산불로 시달리고 있다. 기후 재난의 규모와 피해는 해마다 기록을 경신하고 있다. 지구 온난화의 결과다. 지구의 위기이고, 인류 생존의 위기이다. 오늘의 기후 재난은 우연이나 불운이 아니다. 일시적인 것도 아니다. 인간의 경제 활동과 생활의 결과다. 산업화, 인구 증가, 자연환경 파괴가 빚어내었다. 위기를 막는 길은 지구 온난화의 원인인 이산화탄소 방출을 급격히 줄이는 것이 핵심이다.

세계 인구의 절반가량은 심각한 물 부족을 경험하고 있다. 특히 아프리카, 아시아, 중남미, 소규모 도서국, 북극 등에서 물 부족으로 시달리고 있다.[01] 물 부족은 농업 파탄을 의미한다. 식량이 부족해지면 사람이 삶의 터전을 떠나게 된다. 2008년 이후 매년 2천만여 명이 극단적인 기상 현상으로 이재민이 되고 있다. 극단적인 기후 현상은 이제 인간이 거주하는 거의 모든 지역에서 경험하는 현상이 되고 있다.

지구 온도의 급격한 상승은 북극과 그린란드 그리고 남극의 빙하를 녹인다. 바닷물 수위는 1993년 이래 매년 평균 3.2mm 정도 오르던 것이 2007~2017년 10년 동안에는 매년 5mm씩 상승하고 있다. 미국 국립해양대기청(NOAA, National Oceanic and Atmospheric Administration)은 2023년이 174년간의 관측 역사상 가장 더운 시기였고, 남극 빙하가 녹으면서 해빙(海氷)량도 역대 최대를 기록했다고 발표했다.[02] 남극과 북극의 빙하가 녹으면 지구를 식히는 기능은 떨어지고 해수면은 상승한다. 기후위기는 가속화되는 것이다. 바닷가에 자리 잡은 주요 도시들과 섬나라들이 점차 물에 잠긴다는 상상을 해보라. 공상 소설이 아니다.

우리가 겪는 자연재해의 90% 이상은 모두 기후위기와 관련되어있다. 대표적인 재해는 폭풍과 홍수다. 하지만 최근에는 폭염과 가뭄 피해도 극심해지고 있다. 폭염과 가뭄은 대형 산불을 불러온다. 산불로 인한 재산과 인명 피해도 큰 문제지만, 더 큰 문제는

---

01 유엔 산하 기후변화에 관한 정부 간 협의체(IPCC, Intergovernmental Panel on Climate Change), 2022년 〈기후변화 보고서〉

02 폭우·폭염·산불… 역대급 지구촌 기상이변,《한국경제》, 2023.07.17

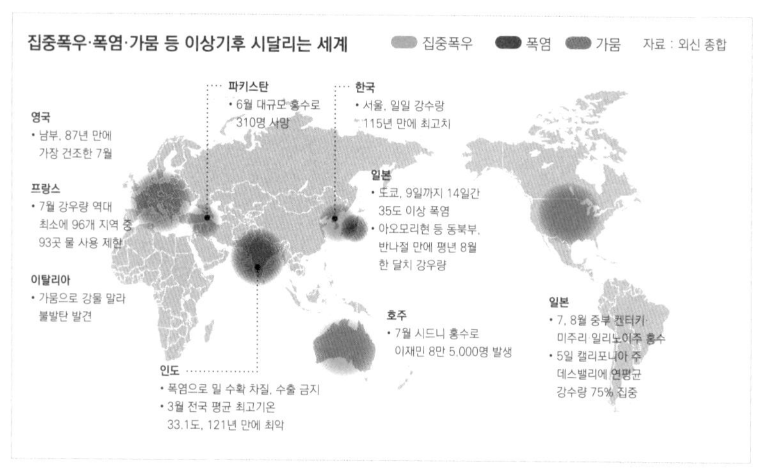

출처 : 폭우·폭염·산불… 역대급 지구촌 기상이변(한국경제, 2023.07.17.)

생태계 파괴이다. 대규모 산불은 광활한 숲을 태우고 엄청난 양의 이산화탄소를 뿜어낸다.

대기 기온이 오르면 산불이 발생할 가능성을 나타내는 산불 기상지수가 대폭 상승한다. 지난해 2월, 유엔환경계획(UNEP)의 세계 산불 보고서는 기후변화와 토지 사용 변화로 인해 2030년까지 극한 산불이 최대 14%, 2050년까지 30%, 21세기 말까지 50% 증가하는 등 산불이 더 빈번하고 강렬해질 것이라 지적했다.[03]

우리나라도 예외는 아니다. 국지성 집중호우, 2020년 54일이나 지속되었던 전국적 장마, 2022년 서울 강남구 일대를 침수시킨 폭우, 잦은 태풍 피해와 국지성 집중호우 등의 경험은 과거 기후 데

---

03 《한겨레신문》, 2023년 4월 24일, "기후위기 시대, 보호받지 못하는 숲"

이터를 통한 기상 예측이 번번이 벗나가고 있음을 말해준다. 2022년 기상청과 아시아태평양경제협력체 기후센터APCC, APEC Climate Center가 분석한 결과에 따르면, 지금과 비슷하거나 더 높은 수준의 탄소배출이 계속되면 60년 뒤인 21세기 후반(2081~2100년) 대한민국의 평균 극한 강수량은 현재보다 53% 급증할 것으로 추정된다.[04]

기후재난으로 전 세계에서 엄청난 경제적 손실을 보고 있다. 유엔 세계기상기구WMO, World Meteorological Organization는 반세기(1970~2021년) 동안 전세계에서 1만 2천건 이상 기후재난으로 2백만 명이 사망하고, 4조 3천억 달러(약 5천 6백조 원)의 경제적 피해가 발생했다고 보고하고 있다. 기후재난은 사회적 약자에게 더 가혹하다. 세계기상기구에 따르면, 1970~2021년 사이 기상이변으로 인한 사망자 10명 가운데 9명이 개발도상국에서 발생했다.[05]

지난 반세기 동안 기후 재난에 대해 세계 각국은 나름의 노력을 하지 않은 것은 아니다. 조기 경보 시스템 개선과 통합된 재난 관리 도입으로 인명 피해를 줄여왔다. 하지만 기후위기는 개별 국가의 대응만으로 해결되지 않는다.

숲의 파괴는 기후위기 가속화에 결정적이다. 지구의 허파 아마존의 열대우림이 심각하게 훼손되고 파괴되고 있다. 아마존에서 숲이 사라지는 만큼 지구 다른 곳에서 숲이 생기는 것이 아니기 때

---

04 《경향신문》, 2022년 6월 14일, '탄소 감축없인 홍수 위험↑…폭우량 70% 이상 증가

05 《경향신문》, 2023년 5월 22일, 지난 반세기 동안 기상 이변으로 200만명 사망…10명 중 9명은 개발도상국에서

문에 결과는 지구 이산화탄소 급증이다. 숲은 대기로부터 탄소의 대부분을 흡수한다. 그 양은 연간 총 탄소 배출량의 최대 30퍼센트에 달한다. 또한 숲은 화석연료에서 약 90년 동안 배출된 온실가스와 맞먹는 막대한 양의 탄소를 생물이나 부산물, 토양에 저장한다.[06] 탄소중립을 실현하기 위해 숲은 필수적 자원이다.

탄소중립은 단순히 온실가스 배출량을 줄이면 실현되는 것은 아니다. 일상생활과 산업 활동 등 모든 인간의 활동 영역에서 대전환이 이루어져야 한다. 탄소를 흡수하고, 저장하는 숲을 보존하고 확대하는 것은 물론이고, 화석연료 의존을 줄이고 재생에너지 중심으로 에너지 구조를 전환하는 것이 필요하다. 불편하다, 비용이 많이 든다, 아직은 시기상조라는 이런 말은 더 이상 안 된다. 지구 생태계의 지속과 인류의 생존이 위협받고 있는 시대에 탄소중립은 이제 선택의 문제가 아니다. 당장 행동에 옮겨야 할 절박한 과제다. 이미 늦었다, 사람이 해결할 수 있는 문제가 아니라는 체념도 안된다.

---

06 Greenpeace Korea (www.greenpeace.org/korea)

02
탄소중립은 피해 나갈 수 없다

온실가스는 그 자체로 나쁜 것은 아니다. 온실가스가 아예 없으면 지구 대기 조절 능력을 상실하여 생명체는 유지될 수가 없다. 문제는 대기 중 온실가스가 급격히 증가하여 균형이 깨지기 시작한 것이다.

탄소중립Net-Zero은 온실가스 배출량은 최대한 줄이고, 반대로 이산화탄소 흡수량은 늘려서 온실가스 배출을 균형상태가 되도록 만드는 것을 말한다. 석탄과 석유 등 화석연료 사용을 최대한 줄이고, 대기로 배출되는 온실가스는 산림이나 탄소 포집·저장·활용 기술(CCUS)로 흡수하여 실질적인 배출량 균형을 맞추는 것이다.

제3차 기후변화협약 당사국총회('97)에서 채택된 교토의정서에서 감축 대상으로 명문화한 6대 온실가스는 이산화탄소(CO_2), 메

교토의정서 규제 대상 6대 온실가스 (1997년)

온실가스	배출원
이산화탄소(CO_2)	산림벌채, 에너지 사용, 화석연료의 연소 등
메탄(CH_4)	가축 사육, 습지, 논, 음식물 쓰레기, 쓰레기 더미 등
아산화질소(N_2O)	석탄, 폐기물 소각, 화학 비료의 사용 등
수소불화탄소(HFCs)	에어컨 냉매, 스프레이 제품 분사제 등
과불화탄소(PFCs)	반도체 세정제 등
육불화황(SF_6)	전기제품과 변압기 등의 절연체 등

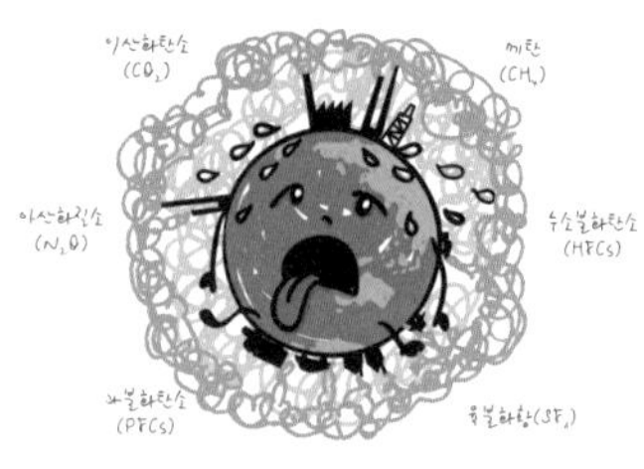

주. 교토의정서: 기후변화에 관한 UN 기본 협약(Kyoto Protocol to the United Nations Framework Convention on Climate Change)

출처 : 기상청

국제사회의 新 기후 체제 비교

구분	교토의정서	파리협정
개최국	일본 교토 (제3차 UN 당사국 총회, COP3)	프랑스 파리 (제21차 UN 당사국 총회, COP21)
채택	1997년 12월, 2005년 발효	2015년 12월
대상 국가	주요 선진국 37개국	195개 협약 당사국
적용시기	2020년까지 기후변화 대응 방식 규정	2021년 '신기후체제'
목표 및 주요 내용	· 기후변화 주요 온실가스 정의 · 온실가스 총배출량을 1990년 수준보다 평균 5.2% 감축 · 선진국에만 온실가스 감축 의무 부여. 미국 비준 거부, 캐나다 탈퇴, 일본·러시아 기간 연장 불참 등 한계점	· 지구 평균온도 상승 폭을 산업화 이전과 비교해 섭씨 2℃에서 1.5℃까지 제한하는 데 노력 · 온실가스를 좀 더 오랜 기간 배출한 선진국이 더 많은 책임을 지고 개도국의 기후변화 대처 지원 · 2023년부터 5년마다 당사국이 탄소 감축 약속을 지키는지 검토
한국	감축 의무 부과되지 않음	2030년 배출전망치 대비 37% 감축

탄(CH_4), 아산화질소(N_2O), 수소불화탄소(HFCs), 과불화탄소(PFCs), 육불화황(SF6)이다. 온실가스 배출량은 온실가스 물질의 배출총량을 이산화탄소를 기준으로 환산한 이산화탄소 환산 톤(CO_2 eq)으로 표기한다.

국제사회는 온실가스로 인한 지구 평균온도 상승을 억제하고자 1997년 교토의정서, 2015년 파리협정 등을 채택했다. 이른바 '신기후체제'다. 세계 대부분의 나라들이 협약에 서명했다. 당연히 우리나라도 동참했고 협약을 이행해야 한다. 특히 2020년 UN 기후변화협약에 가입한 모든 나라는 파리협정에 근거해 지구 평균기온 상승을 산업화 이전과 비교하여 2℃에서 1.5℃까지 제한하겠다는 약속을 했다. 이를 위해 장기 저탄소발전전략LEDS, Long-term Low greenhouse gas Emission Development Strategy과 국가온실가스감축목표Nationally Determined Contribution를 제출하기로 합의했다.

우리나라가 최초로 온실가스감축목표를 국제사회에 선언하고, 관련 실천 계획을 제출한 시기는 2015년이었다.[07] 2015년 12월 파리협정을 대비해 유엔은 기후변화협약 당사국들에 온실가스 감축계획INDC, Intended Nationally Determined Contributions를 제출하도록 했다. 이를 바탕으로 파리 당사국 총회(COP21)에서 2020년부터 적용될 신(新)기후체제[08] 합의를 논의했다. 당시 박근혜 정부는 2030년 기준으로 4개의 감축목표 시나리오[09]를 제시했다. 이후 민관합동 검토,

---

07 2015년 6월 29일, 관계부처 합동 보도자료, '2030년 우리나라 온실가스 감축목표 배출전망치(BAU) 851백만톤 대비 37%로 확정'

08 1997년 체결된 교토의정서는 선진국 중심으로 온실가스 감축의무를 부담하였으나, 기후변화 대응을 위해서는 개도국도 함께 온실가스 감축에 참여해야 한다는 필요성이 지속 제기. 2011년 제17차 더반 당사국총회(COP17)에서 교토 의정서의 후속체제로 선진국과 개도국이 모두 참여하는 2020년 이후 신기후체제 설립을 위한 협상을 개시했다.

09 당시 정부 시나리오는 배출전망치 대비 1안 14.7% 감축, 2안 19.2% 감축, 3안 25.7% 감축, 4안 31.3% 감축

2030년 온실가스 감축목표 : 배출전망치(BAU) 대비 37% 감축

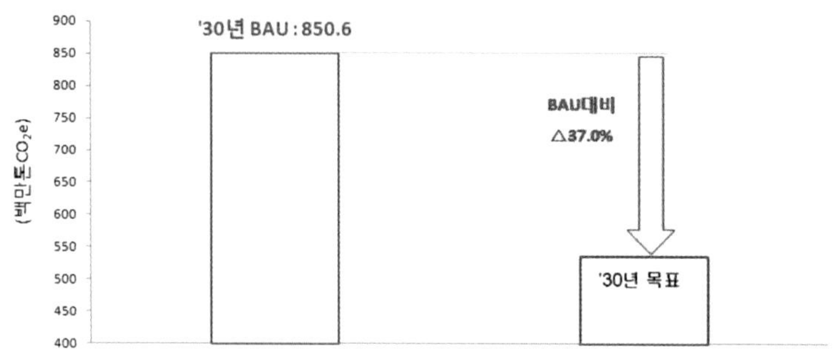

출처 : 관계부처 합동 보도자료, 2015.06.29.

공청회, 국회 토론회 등을 거쳐 의견수렴을 하여 최종 감축 계획을 확정했다. 확정 내용은 국내적으로는 정부 시나리오 3안인 25.7%를 채택하되, 국제시장을 활용한 온실가스 감축분 11.3%p를 추가한 37% 감축목표를 세웠다.

제21차 UN 당사국 총회(COP21)에 제출된 박근혜 정부의 온실가스감축목표에 대해 국제 연구단체 컨소시엄CAT Consortium은 "국제사회 공동의 노력에 부합하지 않는 부적절한(inadequate) 목표"라고 지적했다. 감축목표가 부족하다는 것이다. '2030년 BAU 대비 37% 감축'이라는 국가 온실가스 감축목표 속에 숨겨진 국내 감축 25.7%, 해외 구매 11.3%라는 전략은 국내에서만 발표되었을 뿐 기후변화에 관한 유엔 기본협력UNFCCC, United Nations Framework Convention on Climate Change에 제출한 온실가스감축목표에는 명시되지도 않았다. 이렇게 설정된 목표가 초래할 국제적 비난에 대해 당시 박근혜 정부도 모르지 않았다. 주무 부처인 환경부 장관은 "2030년 감축목

표는 국내에 논란을 일으켰음은 물론 국제사회에서도 반응은 엇갈린다"라고 말했다.[10] 국제사회로부터 온실가스 다(多)배출국가라는 오명을 얻는 대가로 산업화를 이루고 풍요를 누릴 수 있었던 만큼, 국제적 책임을 더 많이 져야 한다는 요구가 제기된 것이다.

문재인 정부는 박근혜 정부의 온실가스 감축목표를 상향 수정했다. 2021년 국가 온실가스 감축목표NDC : Nationally Determined Contribution를 다시 제출하였는데, 문재인 정부의 계획은 2030년까지 2018년 온실가스 배출량 대비 40%를 감축하고, 「2050 탄소중립 시나리오」에 따라 2050년까지 탄소중립 달성을 목표로 했다.

정부는 탈탄소(장기적으로 CO_2가 배출되지 않는 경제 환경을 추구하는 정책) 에너지 전환, 분산 에너지시스템 확산, 에너지효율 혁신 등을 통해 청정에너지 전환을 가속하고, 전력계통망 혁신, 에너지 저장체계 구축, 전력시장 제도 개선, 에너지 가격체계 개편 등을 통해 탈탄소 에너지 전환을 촉진할 기반을 구축한다는 계획을 세웠다. 더불어, 탄소중립 핵심기술 개발, 에너지 신산업 생태계 조성, 투자 활성화 유도 등을 통해 새로운 성장동력을 창출할 수 있도록 지원하고, 글로벌 탈탄소 에너지 협력과 에너지 거버넌스 개편 등을 통해 원활한 탄소중립 이행 체계를 강화하겠다고 밝혔다.

그러나 2023년 윤석열 정부는 문재인 정부가 국제사회에 약속한 국가 온실가스 감축목표에서 대폭 후퇴한 수정안을 발표했

---

10 Post-2020 온실가스 감축목표의 문제점 : 한국 INDC의 평가, 아산정책연구원, 2015년 11월

다. 재생에너지 대신 원자력발전을 늘리고, 탈탄소 전환을 위한 산업계 부담을 줄이고, 탄소배출권 구매에 더 많은 돈을 쓰겠다는 것이다. 2030 국가 온실가스 감축목표도 문재인 정부가 설정한 목표치 14.5%보다 산업부문 부담을 3.1%포인트 낮춘 11.4%로 설정하고, 온실가스 배출 효율 기준 비중도 종전 65%에서 2030년에는 75%로 확대하였다.

윤석열 정부 온실가스 감축 계획의 가장 큰 문제는 원자력발전을 늘리고 재생에너지 투자를 줄이겠다는 점이다. 재생에너지 비중도 자기 임기 내에는 연평균 2%만 줄이고, 나머지는 모두 차기 정부로 넘기겠다는 것인데, 조삼모사(朝三暮四)식 감축 계획이다. 윤석열 정부 임기 마지막인 2027년까지 약 4,900만 톤만 감축하고, 차기 정부가 2028년부터 2030년까지 1억 4,800만 톤 감축을 떠안게 했다. 한마디로 재생에너지 확대는 시늉만 내고, 그 부담은 차기 정권에게 떠넘기는 것이다.

탄소중립은 국제 약속이고 나라와 미래를 위한 의무다. 정파적, 기득권 시각으로 접근해서는 안 된다. 자신들의 임기 내에서만 문제가 없으면 된다고 생각하면 더더욱 안 된다. 탄소중립에 도달하기 위해서는 '국가 온실가스 감축목표' 보다 더 강력하게 정책을 시행해도 될까 말까 하는데, 윤석열 정부는 아예 목표를 낮춰버린 것이다.

글로벌 시장이 기존의 자유무역 규범에서 최근 탈탄소 무역규범으로 넘어가고 있다. 탄소중립 이행은 이제 개별 국가의 산업

정책과 통상 정책과 밀접히 연계되고 있다. 교역 국가의 국제 경쟁력과 직결되는 사안이다. 유럽연합과 미국 등 OECD 국가들은 탄소국경조정제도CBAM, Carbon Border Adjustment Mechanism 도입을 추진하고 있다. 글로벌 기업의 RE100(Renewable Energy 100, 재생에너지 100% 사용) 선언, ESG(환경·사회·지배구조)[11] 경영과 연계 투자 확산 등의 흐름에 발맞춰 나가지 않으면 앞으로 수출도 경제 협력도 국제투자도 어려워지는 상황이다. 국제사회의 책임 있는 일원으로서, 우리 경제의 지속 성장과 국가경쟁력 제고를 위해서도 속도감 있게 선제적으로 대처해야 한다. 그런데도 윤석열 정부는 탄소중립 정책에서 후퇴하고 거꾸로 가려 하고 있다. 기후 얌체, 기후 악당 소리를 들으면서 대한민국이 국제 경제 질서 변화에서 성공하기는 불가능하다는 것을 잊어서는 안 된다.

---

11 1970년대에 남아프리카 공화국의 아파르트헤이트 정권에 대한 전 세계적 혐오는 윤리적 노선에 따른 선택적 투자를 중단한 사례가 기업의 사회적 책임을 강조한 현재 ESG 경영의 시초이다. 미국 제너럴 모터스GM의 이사인 설리반 목사Leon Sullivan가 남아프리카와 사업을 수행하기 위해 만든 행동 강령Sullivan Principles을 위반하는 남아프리카 기업에 얼마나 많은 미국 기업이 투자하고 있는지 조사하기 위해 미국 정부는 여러 보고서를 의뢰했다. 그 결과 남아프리카 기업에 대한 미국의 대규모 투자가 중단되기도 했다. 최근 미얀마 군부 쿠데타 이후 군부와 계약을 맺거나, 군부로 자금이 흘러가 미얀마 국민을 탄압하는 데 사용된다는 이유로 관련 기업들의 사회적 책임과 윤리 경영 요구가 거세지고 있다.

03

에너지 정책 전환이 필수다

2021년에 상향된 '2030 국가 온실가스 감축목표'에 따르면, 2020년 에너지 부문 온실가스 배출량은 국가 총 온실가스 배출량의 87%를 차지했다. 따라서 에너지 부문은 탄소중립 실현의 핵심 분야다. 탈탄소 에너지 전환의 가속화와 산업의 일대 혁신이 요구되고 있다. 에너지 전환은 기존 화석연료 기반의 에너지시스템을 친환경·저탄소 에너지시스템 즉, 재생에너지[12] 중심의 시스템으로 바꾸는 것이다.

에너지 전환을 왜 해야 할까? 화력과 원자력발전을 줄이고 재

12 신에너지 및 재생에너지 개발・이용・보급 촉진법에 따르면, 재생에너지란 햇빛・물・지열・강수・생물유기체 등을 포함한 재생 가능한 에너지를 변환시켜 이용하는 에너지로 태양에너지, 풍력, 수력, 해양에너지, 지열에너지, 바이오에너지 등을 포함한다.

생에너지를 늘리는 것은 세계적인 추세이다. 지구 온난화 방지, 미세먼지 저감 등 환경 면에서도 에너지 전환은 중요하다. 에너지 전환은 일자리 창출 효과도 높다. 국제재생에너지기구IRENA의 발표에 따르면 전 세계 재생에너지 일자리는 2018년 약 1천 1백만 명에서 2030년 최대 2천 4백만 명으로 2.2배 증가할 것으로 예측된다.[13]

에너지 전환은 국가정책에 있어서 '국가 온실가스 감축목표', '에너지기본계획', '전력수급기본계획'과 밀접하게 연계되어 있다. 즉, 어떤 방식의 연료·재료를 활용하여 전력을 생산하고, 어떤 방식의 전력 생산을 얼마나 비중을 둘 것인지를 정하는 것이다. 이 과정에서 화력발전을 줄이고, 태양광 발전과 풍력발전 등을 확대하는 것이 탄소중립을 위한 에너지 전환의 한 축이다.

현재 우리나라는 화력, 원자력, 수력, 풍력, 태양광 등에서 전기를 얻고 있다. 이 가운데 온실가스를 가장 많이 배출하는 발전은 화력발전이다. 한국의 석탄 발전 비중이 월등히 높은 이유는 석탄이 값싼 연료이기 때문이다. 한국은 석탄 발전 비중 면에서 세계에서 1, 2위를 다투고 있는데 부끄러운 일이다. 이 때문에 '기후 악당' 소리를 듣는다.

재생에너지는 태양에너지, 풍력(육상과 해상), 수력, 해양에너지(파도, 조수간만의 차이, 조류 등), 지열, 바이오에너지 등을 활용해 생산하는 전기다. 재생에너지가 늘어나야 석탄 등 화석원료 발전과

---

13 대한민국 정책브리핑 (www.korea.kr)

해상 풍력 발전

원자력발전 부담을 줄일 수 있다. 한국의 전체 전력 생산에서 재생에너지가 차지하는 비중은 9퍼센트(2022년)가 안 되어 OECD 평균에서 한참 뒤처져 있다. 석탄 발전 비중을 줄이고자 이명박 정부 이래 천연가스LNG 발전을 늘려왔는데, 우크라이나 전쟁 이후 국제 천연가스 가격이 폭등하여 국내 전기료 인상 압력의 주원인이 되고 있다.

우리나라는 2017년 에너지 전환 로드맵을 마련했는데, 골자는 원자력발전의 점진적 감축과 재생에너지 발전 비중의 대폭 상향이다. 문재인 정부는 당초 2030년까지 재생에너지 발전 비중을 20.8퍼센트를 목표로 했는데, 이 목표가 탄소중립 달성을 위해 여전히 미흡하다는 비판에 직면했다. 이듬해 2021년 파리에서 열린 UN 당사국 총회COP21에 제출한 '국가 온실가스 감축목표'에서는 2030년까지 신재생에너지 발전량 비중을 30.2%로 대폭 확대하기로 했다. 그러나 2022년 출범한 윤석열 정부는 제10차 전력수급기본계획에

정부 계획별 발전원별 비중

구분	원자력	석탄	LNG	신재생	기타	합계
제9차 전력수급계획 (2020년 문재인 정부)	25.0%	29.9%	23.3%	**20.8%**	1.0%	100%
국가 온실가스감축계획 (2021년 문재인 정부)	23.9%	21.8%	19.5%	**30.2%**	3.6%	100%
제10차 전력수급계획 (2023년 윤석열 정부)	32.4%	19.7%	22.9%	**21.6%**	3.4%	100%

출처 : 산업부 보도자료 등 재구성

서 신재생에너지 발전량 비중을 21.6%로 대폭 하향하고, 대신에 원자력발전 비중을 확대하는 정책을 채택했다. 세계적 흐름인 재생에너지 중심의 에너지 전환 정책이 크게 후퇴하는 상황을 맞게 된 것이다.

에너지 전환은 발전원 믹스Mix의 변화에 국한되는 것이 아니다. 국가 전체 에너지믹스Energy Mix 최적화 차원에서 설계되어야 한다. 저효율 에너지 소비구조를 개선하고, 에너지 신산업을 육성하는 등 국가 에너지시스템 전반의 혁신을 포괄해야 한다. 에너지 생산과 배분을 국가가 독점하는 체제에서 민간과 개인이 적극 참여할 수 있도록 해서 '에너지 민주화'를 이루어 가는 국가적 대전환의 길로 가야 한다. 그런데 윤석열 정부는 실현 가능성과 경제성을 이유로 이전 정부의 계획을 일거에 뒤집어 버렸다. 윤 정부의 에너지 정책 뒤집기는 국제사회와 약속한 탄소중립 목표 달성에도 심각한 지장을 초래할 상황이다. 윤석열 정부는 원전을 '비(非) 탄소 전원'으로 명명하고 신규 원전 건설을 통한 원전 비중 상향을 통해 탄소중립 목표를 이행하겠다고 주장하지만, 원전은 안전성과 사용 후 핵연료(고준위 방사성 폐기물) 처분 등 많은 문제를 발생시킨다. 프랑스 등을 제외한 대부분의 유럽 선진국은 원전 확대에는 소극적이다. 독일은 원전 완전 폐기 정책을 고수하고 있다.

러시아의 우크라이나 침공 이후 촉발된 유럽발 에너지 위기 때문에도 세계는 '재생에너지로 더 빨리' 전환으로 가고 있다. 우크라이나 전쟁 발발 이후 천연가스와 석탄 등 화석연료 기반 에너지 가격이 급등하자 유럽은 2030년까지 재생에너지 발전 목표를 40%에서 45%로 상향하는 등 재생에너지로 전환을 가속하고 있다.[14] 또한 그린딜을 통해 2030년까지 1990년 대비 온실가스 배출량을 55% 줄인다는 계획을 추진 중이다.

미국은 인플레이션 감축법[IRA]을 통과시켜 재생에너지 확대를 적극 추진하고 있다. 2005년 대비 2030년까지 온실가스 50~52% 감축을 목표로 친환경 에너지에 600억 달러 세액공제를 하여 전기차 보급을 대폭 늘리고, 녹색산업을 집중적으로 육성하겠다는 것이다. 특히 2030년까지 9억 5천만 개의 태양광 패널, 12만 개의 풍력 터빈을 생산할 계획이다.[15]

우리나라는 문재인 정부에서는 그린뉴딜 정책을 세웠으나 윤석열 정부 들어서 이렇다 할 녹색산업 정책이라 할 만한 것이 없다. 윤 정부는 국가 온실가스 감축목표를 하향 수정하여, 산업계에

---

14 《비즈니스포스트》, 2023.01.13., '그린피스 정상훈, 윤석열 정부 전력 계획은 기후위기 대응 포기'

15 《비즈니스포스트》, 2023.01.13., '그린피스 정상훈, 윤석열 정부 전력 계획은 기후위기 대응 포기'

태양광발전

온실가스 감축 시급성에 신호를 주기는커녕 기업의 부담을 줄여줬다.[16] 유럽은 탄소국경조정제도를 도입해 제품생산 과정에서 나오는 탄소에 비용을 부과하겠다고 하는데도 윤석열 정부는 글로벌 산업 경쟁력 확보를 위한 재생에너지 지원을 오히려 줄이고, 원자력발전 확대에만 올인하는 실정이다. 거꾸로 가고 있는 것이다.

글로벌 기업들은 재생에너지 100% 사용을 약속하는 RE100 캠페인을 벌이고 있다. 당연히 우리나라 대기업들도 참여하고 있다. 수출 중소기업도 앞으로 예외가 될 수 없다. 유럽은 탄소국경조정제도 이행에 강제성을 부과할 방침이다. 윤석열 정부가 재생에너지 확충에 실패하면 앞으로 기업들의 RE100 이행을 위한 재생에너지 수요를 맞추지 못하는 사태가 올 수 있다. 이런 상황이 벌어지

---

16 《피렌체의 식탁》, 2023.03.29., '이유진 칼럼, 지구는 숨 가쁜데, 한국 기후정책은 후퇴했다.

2023년 10월, 오영훈 제주도지사를 만나 '탄소중립섬 제주' 비전에 대해 대화를 나누었다.

면 글로벌 수출 기업들은 재생에너지를 유리하게 공급받을 수 있는 나라들로 공장을 이전해야 할지도 모른다.

2022년 기준 우리나라 재생에너지 발전 비중은 8.9% 수준이다. 특히 최종 에너지 소비에서 재생에너지 비중을 보면, 2019년 기준으로 3.4%에 불과하다. OECD 회원국 37개국 중 꼴찌다. OECD 평균인 23.4%의 7분의 1 수준이다.[17] 영국 에너지그룹 BP가 발표한 '2022년 세계 에너지 통계 리뷰'에 따르면, 우리나라는 원자력발전 비중은 OECD에서 최고, 재생에너지는 꼴찌라고 평가했다.

우리나라에서 재생에너지 확대는 해상 풍력의 역할에 기대가 높다. 재생에너지의 한 축인 태양광은 윤석열 정부의 '전 정부 정책 뒤집기' 영향으로 위축되고 있다. 해상 풍력도 윤석열 정부의 소극적인 재생에너지 정책으로 답보 상태이다. 나는 21대 국회에

17 통계청, 2023.03월, '한국의 지속가능발전목표(SDG) 이행현황 2023'

서 '해상 풍력 보급 활성화에 관한 특별법안'을 대표 발의하였다. 계획 입지로 해상 풍력의 난개발과 해상 환경 훼손을 막고, 각종 인허가 절차를 간소화 합리화하여 투자와 사업 착수를 촉진하며, 해상 풍력 단지 인근 주민과 어민이 참여하는 이익 공유를 보장해서 풍력 보급을 확대하려는 취지이다. 해상 풍력 촉진법이 통과되면 서해안과 동해안 일대에 대규모 해상 풍력단지 설치가 가속화될 전망이다. 해상 풍력은 풍력발전기의 하부구조와 터빈, 해저 케이블 등 연관 산업의 발전을 도모할 수 있어 국제 경쟁력을 갖춘 유망 수출산업으로 성장할 수 있다.

기업이 사용하는 전기의 100%를 재생에너지로 충당하자는 RE100이 국제표준이 되고 있다. 구글, 애플, 마이크로소프트 등 글로벌 기업들은 이미 RE100을 시행하고 있다. 이들 글로벌 대기업에 부품과 제품을 팔고 거래하려면 RE100 기준을 맞춰야 한다. 그런데 윤석열 정부가 후퇴시킨 2030년 21.6%의 재생에너지 발전 목표로는 RE100과 탄소국경조정제도 등 기후무역장벽에 대응하기 위한 기업들의 재생에너지 수요를 감당할 수 없다는 지적이 나오고 있다.[18] 재생에너지 비중이 최소 33% 수준은 되어야 기업들의 수요를 맞출 수 있다는 주장이다. 앞으로 수출 기업의 경쟁력은 재생에너지 경쟁력에서 나온다는 말이 과장이 아니게 되었다.

---

18 그린피스, 2023.04.06., '윤 정부 기후정책 문제점 7가지와 우리가 할 수 있는 일'

04
정치의 각성이 필요하다

불과 수십 년 전만 하더라도 기후위기는 현실감 나는 경고가 아니었다. 선구적인 학자와 연구자들이 지구 온난화의 위험성을 경고할 때도 당시는 크게 주목받지 못했다. 인간이 배출하는 이산화탄소가 무슨 수로 지구의 대기를 다 덮을 수 있느냐며 비웃음을 사기도 했다. 그러나 이제 그런 주장을 하는 사람은 아주 일부에 불과하다.

세계경제포럼WEF이 발간한 지구 위험 보고서를 보면 우리 인류가 당면한 가장 파급력이 크고, 발생 위험도 상위권을 차지하는 것이 환경 관련 이슈들이다. 2022년 기준으로 가장 위험도가 높은 첫 번째가 '기후대응 실패 위험'이다. 2번은 '극한 기상이 줄 피해'이다. 세 번째는 생물다양성이 상실될 때 '지구 생태환경의 교란과 붕괴의 위험'을 지적하고 있다. 이러한 주요 위험에 대해 대응하는 기본적인 과제는 탄소를 줄이는 경제 활동의 대전환이다. 산업과 생산 구조, 소비와 라이프스타일 전 과정에 걸친 일대 변화를 요구받고 있다.

기후위기에 대한 우리의 대응은 아직도 걸음마 단계다. 한국 경제는 압도적으로 탄소 위주 경제다. 산업 구조 자체가 엄청난 탄소배출을 기반으로 하고 있다. 한국은 선진국 중에서 제조업 비중이 가장 큰 나라다. 이게 우리의 강점이면서도 약점이다. 철강, 석유화학, 시멘트, 자동차, 전자 모든 산업에 걸쳐서 전기를 소비하고 막대한 탄소를 배출하고 있다. 반도체 하나만 하더라도 전기와 물을 엄청나게 소비하는 에너지 하마 산업이다.

우리나라는 OECD 회원국 21개 국가 중 온실가스 배출량이 5위다. 1990년에서 2020년 사이에 온실가스 배출량이 137퍼센트나 증가했다. 경제는 세계 10위권이지만 탄소배출을 줄이는 노력에서는 거의 낙제생이다. 우리 사회는 아직도 기후위기 대응이나 탄소 저감을 기업의 비용 증대로 인식하는 경향이 강하다. 기업들은 탄소 저감에 시설 투자가 필요하고 탄소 배출권을 구매하려면 원가가 상승하는 부담을 질 수밖에 없다.

그런데 탈탄소를 비용으로 여겨서는 우리 기업의 미래가 없다. 탄소 저감 그리고 탄소 규제를 불필요한 환경규제로 인식해서는 우리 대한민국도 설 자리가 없어질 것이다. 우리가 탈탄소 사회 진입에 주저하거나 지각하게 되면 글로벌 경제에서 우리나라의 입지는 점점 좁아질 것이다. 기업과 수출이 큰 피해를 입게 된다.

기후위기로 인해 글로벌 무역 구조가 바뀌고 있음을 잊어서는 안 된다. 새로운 무역장벽이 만들어지고 있다. 유럽은 탄소세 배출권 거래제를 통해서 기업이 의무적으로 탄소배출을 줄이도록 유도하고 있다. 유럽연합은 2023년 10월부터 탄소국경조정제도를 시행한다. EU로 수입되는 제품 중 탄소배출이 많은 철강·시멘트 등 6대 제품에 대해 탄소 가격을 부과하는 제도다. EU가 2030년까지 온실가스 배출량을 1990년 대비 최소 55퍼센트로 감축한다는 'Fit for 55'의 주요 정책 수단 중 하나다. 기후변화에 대한 EU의 높은 환경 목표를 확인할 수 있다.

인간이 배출하는 이산화탄소와 오염 물질이 오존층을 파괴하고 지구를 덮이고 있다는 사실이 공론화되고 인정받는 데까지 오랜 시간이 걸렸다. 1987년에 되어서야 몬트리올 의정서를 통해서 오존층 파괴의 주범인 CFCs를 규제하자는 국제 합의가 이루어졌다. 수십 년 동안 대기로 배출된 냉매 CFCs는 오존층에 무수한 구멍을 뚫었고 남극과 북극에서 빙하를 녹이는 주범이었다. 지구 온난화로 북극해의 빙하가 줄어들면서 2017년에는 화물선이 쇄빙선 도움 없이 북극해 항로를 운항하기도 했다. 1992년 유엔에서 기후변화협약이 이루어졌다. 이후 매년 국제환경협약에 가입한 당사국들이 총회를 열고 나라별 의무 감축량을 발표하고 이를 달성하기 위한 정책 수단을 공유하는 협의를 해나가기 시작했다.

글로벌 기업들이 앞서나갔다. RE100을 선언하고 공급망 협력 기업에 RE100 준수를 사실상 강요하고 있다. 애플, 구글 등 글로벌 플랫폼 기업들은 납품받고 협력 업체와 계약을 할 때 재생에너지 100퍼센트 사용을 요구하기 시작한 것이다. 여타의 글로벌 기업들도 RE100을 잇달아 약속하고 있다. 삼성전자도 2050년까지는 RE100을 달성하겠다고 발표했고, SK와 LG 등은 좀 더 앞서서 RE100을 달성하겠다고 선언했다. 2021년 7월을 기준으로 전 세계 320개 기업이 RE100에 참여하고 있다.

기업경영에서 지속 가능성을 달성하기 위한 3가지 핵심 요소인 환경, 사회, 지배구조를 일컫는 ESG도 이제 기업경영의 핵심 트렌드로 자리 잡았다. ESG 기준을 준수하지 않거나 부합하지 않는 기업은 글로벌 금융과 투자시장에서 외면당하는 시대로 들어서고 있다. 선진국은 이미 글로벌 기업들의 ESG 정보 공시를 의무화하고 있다. 우리나라도 지속가능경영보고서에 기업의 ESG 정책, ESG 성과지표 관리 등 관련 내용을 포함해야 한다. 또한 정부는 2021년 12월 K-ESG 가이드라인을 발표하고, 기업의 ESG 경영을 독려하고 있다. 재생에너지를 사용하지 않고 탄소 발생 비용을 부담하지 않는 국가와 기업은 글로벌 경쟁에서 낙오될 수밖에 없는 환경에 이미 처해 있는 것이다.

따지고 보면 '지속가능한 발전'이라는 용어도 등장한 지 오래되지 않았다. 유엔환경계획UNEP의 세계환경개발위원회WCED가 '우리 공동의 미래Our Common Future'라는 이름의 보고서를 출간하면서 지속가능한 발전이라는 개념이 본격적으로 논의되기 시작했다.[19] 당시 위원장을 맡고 있던 노르웨이 브룬트란트 수상의 이름을 따 브룬트란트 보고서Brundtland Report라고도 불리는 이 보고서는 환경정책과 개발전략을 통합시키기 위한 토대를 제공했다. 기후 문제를 인류 공통의 문제이자 인류 공동의 과제라는 것을 분명히 한 것이다.

이제 기후 문제는 우리 개인의 생존 문제고 또 국가 경제의 존속 문제다. 팬데믹보다 훨씬 무서운 도전이 될 수 있다. 탄소 의존형, 탄소 과다 배출을 기반으로 한 경제는 더 이상 유지될 수도 성공할 수도 없다. 탄소 기반 경제는 기후위기를 촉발하고, 기후위기는 팬데믹을 조장하고, 이 팬데믹은 다시 경제 위축을 가져오고, 경제가 위축되고 나면 탄소 기반 경제가 강화되고 기후위기가 심화되는 악순환의 구조로 갈 수 있기 때문이다.

기후 대응을 위한 탄소 기반 경제에 가장 핵심적인 과제 중의 하나가 에너지 전환이다. 우리나라는 세계 8위의 에너지 소비국이나 에너지 소비량의 약 95퍼센트를 해외 수입에 의존한다. 2021년 에너지 자원을 수입하는 데만 1,400억 달러를 지출했다. 우리나라 전체 수입액의 22퍼센트에 달하는 막대한 규모다.[20] 이처럼 높은 에너지 해외 의존도로 인해 에너지 원료 가격 상승 및 수급 불균형 등 에너지 시장 변화에 매우 취약하다. 에너지 안보 측면에서도 에

19 지속가능발전포털(www.ncsd.go.kr)

20 에너지통계연보 2022년

너지 전환이 절실하다.

지금 우리는 사용하는 전기를 생산하는 데 석탄과 천연가스를 많이 사용하고 있다. 석탄은 대기 중에 이산화탄소를 많이 배출하는 가장 나쁜 형태의 주범이다. 천연가스도 이산화탄소를 발생한다. 천연가스는 전량 수입하는데, 우크라이나 전쟁 후 러시아산 천연가스 공급 대란에 가격 폭등으로 안정적 공급을 보장받기 힘들어졌다. 결국 탄소를 발생하지 않는 에너지를 확대해야 하는데, 원자력발전은 안전 문제와 사용 후 핵연료 처리 등 숨은 비용과 위험 때문에 장기적으로 의존할 수는 없다. 결국 재생에너지 확대가 답이다. 태양광과 풍력 등을 확대해 나가야 한다. 재생에너지는 원료를 수입하지 않아도 되기 때문에 에너지 안보에도 최선의 길이다.

재생에너지를 대거 확충해 나가야 한다는 에너지 정책 전환이 공론화됐음에도 불구하고 실질적인 정책 전환에는 논란과 저항도 만만치 않다. 윤석열 정부 들어서는 아예 원전 위주, 재생에너지 투자 축소 방향으로 후퇴하고 있다. 기후위기와 원전 안전에 대한 느슨한 자세도 영향을 미치고 있다. 원전 전문가와 원전 관련 산업의 이해관계도 작용하고 있다. 이들은 재생에너지를 불신하고 탈원전이 에너지 안보와 산업 경쟁력에 악영향을 미칠 것이라는 주장까지 하고 있다. 이런 요인들은 효과적인 기후위기 대응을 지연시키는 요인으로 작용하기도 한다. 지금 해야 할 기후위기 대응 노력을 게을리하거나 미루게 되면, 우리는 더 이상 손쓸 수 없는 나쁜 미래를 후손들에게 물려주게 될 것이다. 지금 인류는 미래를 당겨서 흥청망청 사용하고 있다는 한탄을 잊어서는 안 된다.

탄소배출을 줄이는 기술을 개발하고 산업에 적용해야 한다. 수소 환원 제철 공법과 전기 배터리 자동차를 보급하는 것이 한 예다. 전기 생산에 들어가는 화석연료를 재생에너지로 대체해가는 것은 필수다. 기업이 탄소배출을 줄이고 에너지 효율화에 앞장서도록 인센티브를 제공하는 일도 중요하고 효과적이다. 녹색금융은 자금조달 및 금융투자에 있어 친환경 요소를 고려하는 금융 활동을 말한다. 기후변화에 대한 금융부문 대응 차원에서 기업들의 탄소중립 실천 노력 강화, 투자자들의 환경 이슈 관심 증대 등으로 녹색금융 시장[21]이 조성되고 있다.[22] 전기차, 배터리 등 기후 관련 기술 분야에 투자하는 기업에 인센티브를 주고, 반대로 환경을 소홀히 하고 탄소 저감과 기후 대응에 역행하는 기업들에 대해서는 투자를 거부하고 주식 시장에서 퇴출하자는 사회운동도 벌이는 것이다. 다시 말해 환경친화적 기업들이 자금 지원도 더 받고 성공하도록 글로벌 비즈니스 문화를 바꿔나가자는 것이다.

탈탄소는 더 이상 비용 문제로 접근해서는 안 된다. 갈수록 높아져 갈 글로벌 탄소 장벽을 뛰어넘어 우리 수출 기업들이 성공하려면 녹색 전환에 앞서가는 수밖에 길이 없다. 탄소중립을 위한 투

---

21 녹색금융 시장은 녹색채권, 녹색펀드, 녹색대출 등으로 구성된다. △녹색채권: 발행자금이 환경개선 목적을 위한 녹색 프로젝트에 사용되는 채권, △녹색펀드: 펀드 구성에 있어 기업의 재무적 요소 외에 친환경 요소를 함께 고려하는 펀드, △녹색대출: 친환경 노력의 성과가 우수한 기업을 대상으로 금리 및 한도 우대 혜택 등을 제공한다.

22 금융안정보고서(대·중소기업의 녹색금융 접근성 평가 및 시사점) (한국은행, 2021년 12월)

자를 과감하고 획기적으로 늘리면 새로운 일자리도 창출된다. 태양광, 풍력, 수소 산업 등 재생에너지 분야는 지금까지 상상하지 못했던 많은 새로운 일자리를 만들어낼 수 있다. 해상 풍력만 하더라도 터빈과 하부구조, 해저 송전 설비 등에서 우리 기술과 제조기업들이 경쟁력을 가지고 성장할 수 있다. 에너지효율을 높인 빌딩과 주거 설계, 에너지 소모를 줄이는 스마트 생산 기술 개발 등을 통해 생산성과 효율성을 크게 높일 수 있다. 대한민국의 디지털 기반과 우수한 제조역량, 그린에너지 전환을 결합해서 새로운 녹색 경제를 우리가 앞서 구축한다면 글로벌 경제에서 더 크게 성공할 수 있다는 자신감을 가져야 한다. 기후위기 대응과 에너지 전환에는 고통과 큰 비용이 수반되는 것이 사실이다. 그렇지만 이 비용은 지금 그리고 미래에 닥칠 감당할 수 없는 재앙과 손실을 미리 막아내는 현명한 투자라는 것을 잊어서는 안 된다. 기후위기 대응과 에너지 대전환을 위해 근본적인 각성이 필요하다. 그 가장 큰 책임은 정책을 결정하는 정치에 있다.

에필로그

최재천 교수와 김한정 의원의 대담

김한정 : 안녕하셨습니까, 최재천 교수님. 실제로는 오랜만에 뵙지만 저는 항상 유튜브나 책으로 또 강연으로 교수님을 뵙고 있었습니다. 특히 《생태적 전환》이라는 책이 참 좋았습니다. 두껍지 않으면서도 중요한 이야기들을 잘 담아내셨지요. 그 책을 다들 많이 읽었으면 좋겠다고 생각했습니다.

최재천 : 네, 안녕하십니까 의원님. 그 책을 그래도 제법 많이들 읽어주시네요.

김한정 : 교수님께서는 국립생태원장도 역임하셨고 또 세계적인 학자로서 우리 환경 기후 문제와 개선 방안에 대해 누구보다 깊은 열정으로 피력해오신 바 있습니다. 오늘 저도 궁금한 것이 많아 찾아뵈었습니다. 이제 기후위기의 시대를 넘어 기후재난의 시대로 돌입한 듯한데, 교수님께서 일찍이 우려하셨던 이런 기후위기 상황이 어떻게 전개되리라 생각하십니까?

최재천 : 그리 긍정적으로는 말하지 못할 듯합니다. 다들 많이 보는 〈나는 자연인이다〉라는 TV 프로그램이 있지요. 그런데 현재 모든 지구인이 모두 '자연인'이 된다고 하더라도 앞으로 몇십 년 동안 기후변화가 멈추지 않고 관성으로 진행될 거라고 해요. 이미 우리가 배출한 온실가스양이 너무나 많기 때문입니다. 우리가 저지른 죄가 이렇게 큽니다. 그래서 정말 마음을 다잡고 엄청나게

노력한다 해도, 당분간은 이렇게 애쓰는데 왜 달라지는 게 없냐며 실망만 더 커질 듯해 걱정됩니다. 어마어마한 노력을 들인다 해도 효과는 미약할 텐데, 과연 우리가 해낼 수 있을지 말이죠.

김한정 : 기후위기에 대해 과학자와 전문가들은 오래전부터 우려하고 경고했는데, 우리는 왜 이렇게 대응이 늦었을까요? 왜 이렇게 무지했을까요?

최재천 : 제가 2005년에 《당신의 인생을 이모작하라》라는 책을 냈는데, 당시는 고령화 문제가 본격적인 사회문제가 되기 전이었습니다. 제가 경고 차원에서 너무 일찍 책을 쓴 셈인데, 서문에서 고령화 문제를 설명하면서 끌어들인 주제가 기후변화였습니다. 그런데 사실 고령화나 기후변화나 똑같이 정말 큰 일입니다. 정말 심각한 문제예요. 아무리 옆에서 이야기한들 당장 폭탄이 터지지는 않기 때문에 하루아침에 일어날 일은 아니지 않냐며 간과하게 된 거죠. 점진적으로 벌어진 문제입니다. 고령화도 저출생과 맞물려 더, 아니 이미 심각한 문제가 되었죠. 그런데 해마다 조금씩 변하니까 실감하지 못하는 겁니다. 이미 우리나라는 연간 아이 한 명도 채 낳지 않는 나라가 되었죠. 2022년 연간 평균 출생률이 0.78퍼센트였습니다. 이제는 돌이키기 힘들 만큼 심각합니다. 기후 문제도 마찬가지예요. 그저 '이

동네에 오래 살았는데 요즘은 날씨가 예전 같지가 않네' 하며 그렇게 넘어가는 겁니다. 우리가 갑자기 타 죽는 게 아니다 보니까 지구 온난화라는 개념을 실감하지 못하죠. 예전보다 그저 조금 더워지는 정도로만 인식해왔지요. 그런데 이러다가 어느 순간 임계점을 넘어버리면 속수무책이 될 수도 있습니다. 너무나 걱정됩니다.

김한정 : 기후위기의 전초가 온실 효과이고 현재 전 세계적으로 '지구 온난화Global Warming'가 진행되고 있다고 합니다. 지구가 점점 뜨거워지고 북극이 녹기 시작한 지 오래입니다. 당시 이런 문제들이 기후재앙과 기후위기로 이어질 것이라던 의견들은 무시당하지 않았습니까? 괴담이나 음모론이라고 주장하는 정치 세력까지 있었죠. 심지어 지금까지도 그런 사람들이 있고요. 이렇게 평생 생태를 연구하고 환경문제를 고민해 온 과학자로서 어떻게 생각하십니까? 지난 세기 동안 기후위기에 대해 인식의 지평이 넓어지고 위기의식이 더해가며 국가적으로도 세계적으로도 다양한 노력이 있었죠. 이런 과정들을 되돌아볼 때 어떤 부분들이 가장 아쉽다고 생각하십니까?

최재천 : 우리 삶이라는 게 결과적으로는 먹고사는 일이죠. 그렇다 보니 경제 문제가 이 먹고사는 문제와 잘못 맞물리면 잘 진행되던 일도 자꾸 거꾸로 돌아가곤 합니다. 먹고사는 게

힘들어지면 먼저 정치부터 가장 약삭빠르게 경제 논리로 돌아가지요. 유감스럽지만, 유권자들에게서 표를 얻는 게 중요하다 보니 많은 정치인이 민심과 표의 향방을 눈치 보고 눈앞의 것에 연연하는 것 같습니다. 그러나 지금은 사실 그럴 상황이 아니잖아요. 엄밀히 말하면 과학자의 임무이자 지식인의 소관인데 말이죠.

제가 가끔 드는 비유가 하나 있습니다. 예전에 연세대에 계시던 교수님에게 처음 듣고 저도 자주 사용하게 되었죠. 우리가 실험실에서 비커 안에 물벼룩을 배양하고 있다고 가정해봅시다. 그런데 물벼룩은 이분법으로 한 마리가 두 마리가 됩니다. 그러니까 처음에는 몇 마리 없었어도 환경이 좋으면 계속 2배씩 늘어가는 것이죠. 그러다가 이제 거의 비커의 절반을 채우자, 저 같은 물벼룩이 나타나 우리 이러다가 큰일 난다고 경고합니다. 그러자 아직 공간이 절반 이상 남았는데 왜 저렇게 괴담을 퍼뜨리나, 노리는 게 있냐며 손가락질하죠. 그런데 제가 경고하고 있는 시점은 이미 1분 전입니다. 만일 물벼룩이 1분에 한 번씩 분열해 늘어난다면 1분 후면 이미 절반뿐이었던 그들이 두 배가 되는 거죠. 비커를 가득 채우고 한꺼번에 몰살하는 순간이 1분밖에 남지 않은 그 시점에도, 대부분 물벼룩은 문제가 얼마나 심각한지 인지하지 못하고 경고를 무시하는 겁니다.

기후변화가 현재 어느 시점까지 와 있는 것인지, 어쩌면 정말 되돌릴 수 없는 그런 시점 목전에 와 있는 건 아닐지 정말 걱정됩니다. 만약 그 단계를 넘어서서 우리가 무엇을 해도 감당할 수 없는 상황이라면 큰일이잖아요. 그러니 우리 과학자들은 괴담 운운하는 소리를 듣는 한이 있어도 퍼뜨릴 수밖에 없는 겁니다. 경고해야만 하는 상황이니까요.

김한정 : 교수님께서 우리 인류가 '호모 사피엔스' 즉 '지혜로운 인간'인데 사실상 스스로 멸종 위기로 몰아가고 있는 것을 보면 어리석은 인간이라고 지적하신 바 있습니다. 그래서 인류의 자멸을 막으려면 미래에는 자연과 공생 공존해야 한다고, 따라서 우리 일상부터 여러 정책이 생태적 전환을 이뤄가야 한다고 강조하셨죠. 그 내용에 대해 조금 더 말씀해 주셨으면 합니다. 어떤 배경에서 하신 말씀인지요?

최재천 : 사회학에서 배운 바와 같이, 우리 인류는 최소 두 차례 대전환을 겪었습니다. 언어적 전환Language Turn 그리고 문화적 전환Cultural Turn입니다. 사회학자들이 한 20여 년 전부터 자주 강조해왔습니다. 기술적 전환Technology Turn, 정보적 전환Information Turn 과정에서 3년 전 덜커덕 코로나 사태를 맞닥뜨린 것이죠. 저는 그전부터 관련된 화두를 조금씩 건네고는 있었지만, 본격적으로 용기를

내지는 못했다가, 코로나 상황에 진입한 뒤 더 할 말이 생겼습니다. 정보적 전환 기술적 전환 다 좋지만 죽고 사는 문제에 부딪혔는데, 그래도 우왕좌왕하다가 한 3년 만에 어느 정도 벗어났는데, 대부분 전염병 전문가는 코로나가 다시 온다고 예측합니다. 반드시 또 온다고. 얼마나 빨리 올지 여부만 문제일 뿐 분명 다시 온다고 합니다. 그러면 우리는 몇 년에 한 번씩 이런 사태를 겪어내야 합니다. 만물의 영장이라고 거들먹거리다가 몇 년에 한 번씩 몇백만 명이 부질없이 죽어 나가는 상황을 계속 겪을 텐데, 그런 속수무책의 대재앙 앞에서 무슨 정보적 전환 기술적 전환을 이야기할 수 있겠습니까.

이제는 제가 보기에는 자연과 우리의 관계를 재정립하는 문제가 가장 시급하고 중요합니다. 어떻게 재정립해야 할 것인가, 과연 인류에게 이보다 더 중요한 문제가 있겠습니까. 저는 이렇게 묻고 싶습니다. 코로나를 겪은 우리에게 가장 시급한 것은 생태적 전환뿐입니다. 다른 어떤 전환을 논한들 죽고 사는 문제보다 더 중요한 문제란 없습니다. 인류가 하는 모든 일을 이제 그 관점에서 분석하고 정립하고 또 밀고 나가야 한다는 그런 이야기를, 제가 요즘 가장 열심히 하고 있습니다.

김한정 : 그러니까 지금 기후위기를 막아내기 위해 적극 행동으로 옮기려면 개인도 사회도 국제사회도 공동의 행동과 노력이 필요하겠죠. 현재 탄소 배출을 줄이고 지구 온난화 속도를 늦추기 위해 에너지 전환을 하는 등의 정책 과제는 나와 있는 것 같습니다. 지금 탄소 중립을 위한 국제 협약도 가동 중인데 과연 얼마나 실천이 될지는 모르지만요. 또 개인적으로는 한 사람 한 사람 모두 다 탄소 배출을 줄이고 탄소 발자국을 덜 남기는 노력해야겠죠. 전기 자동차를 사용한다든지 가능한 도보를 더 많이 활용한다든지 하는 이런 과정에서 지구 온난화를 막고 탄소 중립을 향하는 가장 결정적이고 중요한 정책이 있다면 어떤 정책이라고 생각하십니까?

최재천 : 말씀하신 대로 국제사회에서 리더십을 발휘해야 하고

국가별로 또 실천에 옮겨야 하는데, 실행하는 주체는 개인이죠. 그런데 개인도 생각에 전환이 있어야 이러한 실행이 가능하지 않겠습니까. 아무리 국가 차원에서 열심히 한다 해도 개인이 움직이지 않으면 못 하는 겁니다.

그런 차원에서 저는 한 사람 한 사람의 생각을 어떻게 바로잡을까, 이 문제가 가장 심각하죠. 그런 차원에서 저는 의원님이 지금 하고 계시는 '광릉숲 지키기 운동' 같은 활동이 정말 소중하다고 생각합니다. 나무를 심는 것보다 더 좋은 정책이 과연 있을까 싶어요. 세상에 나무처럼 정직한 존재는 없잖아요. 심어놓고 가꾸면 눅눅하게 자라납니다. 그러니까 우리 산들은 그야말로 반세기 전 완전히 민둥산이었는데 지금은 거의 푸른 산이 다 되었습니다. 우리가 살고 있는 도심도 이렇게 둘러보면 제법 나무들이 많고요. 그래서 제가 조금 우스꽝스럽지만, 지나갈 때마다 중얼대곤 합니다. '아유 나무야, 잘 자라줘서 고맙다.'라고요. 그런데 정말 기특할 정도로 나무는 잘 자랍니다. 어떻게 보면 매연도 많고 온갖 방해 요소가 많은 악조건에서도 나무는 자라요.

김한정 : 나무는 복원력과 생존력이 있죠. 회복력도 탁월하고요.

최재천 : 그래서 저는 나무를 심고 가꾸는 일이 가장 소중하고 가장 효율적이라고 생각합니다.

김한정 : 교수님, 우리 광릉숲은 유네스코가 지정한 생물권 보전지역입니다. 그런데 그 광활해 보이는 광릉숲도 항공 사진으로 보면 수도권 아파트 도시로 둘러싸인 외로운 섬이 되어가는 듯합니다. 우리 광릉숲을 지켜나가야 한다는 말씀은 또한 교수님께서 늘 강조하시는 생물 다양성 보존의 의미에서도 중요하다고 생각하는데, 숲이 생물 다양성 보존에 굉장히 중요한 역할을 하지 않습니까? 저도 놀랐습니다. 광릉숲이 설악산보다 생물 다양성 차원에서, 단위 면적당 생명체 종류가 훨씬 더 많고 다양하더라고요. 그런 면에서 광릉숲이 잘 보존돼야 하겠는데, 광릉숲뿐만 아니라 전체적으로 지금 우리 자연환경에서 숲이 많이 사라지고 있지 않습니까? 무분별한 개발이 일어나고 있고요. 이런 면에서 우리가 다시금 무엇을 깨달을 수 있을까요?

최재천 : 그 광릉숲이 마치 섬처럼 되고 말았다는 말씀을 들으니 참 가슴이 아픕니다. 침팬지를 연구하는 제인 구달 박사도 똑같은 경험을 하셨거든요. 제가 얼마 전 구달 박사를 또 초빙해 강연하셨는데, 어느 날 박사님이 배를 타고 가서 해당 지역에서 연구하다가 어느 날 비행기를 타서 그곳을 내려다보게 되었는데, 완전히 그곳만 섬처럼 숲이 있고 주변은 완전히 다 경작이 된 채로 둘러싸고 있었죠. 그래서 그때부터 작은 숲과 숲을 연결하는 숲 통로들을

계속해서 만들기 시작했다고 합니다.

그러니까 이게 어떤 문제가 있느냐 하면, 조금 전 설명하신 대로 광릉숲은 여러 동식물이 모여서 살아서 생물 다양성의 보고가 되었지만 섬으로 남게 되면 앞으로 점차 그 안에서만 교배가 이루어지고 유전적으로 건강하지 못한 생태계로 변해가게 됩니다. 이를 막으려면 외부 다른 생태계와 연결시켜야 합니다. 그래서 저는 또 의원님에게 과제를 드리고 싶습니다. 항공 사진을 좀 더 넓게 보시면서 주변 어떤 숲과 광릉숲을 연결할 수 있을지 고민해 주시면 좋겠습니다.

김한정 : 일종의 생태섬들을 연결하는 사업을 해나가자는 말씀이시죠?

최재천 : 그렇습니다. 말하자면 이런 겁니다. 저는 요즘 이런 캠페인을 하고 있습니다. 정부가 얼마나 나서줄지는 모르겠지만, 한동안 뉴스에서 많이 보셨다시피 우리가 지리산에 반달가슴곰을 복원했는데 그중 한 놈이 계속 어딘가로 가잖아요. 고속도로를 넘고 길을 건너 다른 먼 산에 가 있는 녀석을 우리가 두 번이나 가서 잡아다가 도로 데려다 놨단 말입니다. 무엇을 의미할까요? 지리산이라는 숲 생태계가 지탱할 수 있는 수를 넘어선 겁니다. 우리가 복원 사업을 너무 잘해서 이제는 반달가슴곰 수가 제법 늘었으니까요. 지리산 안에 가둘

수가 없게 된 겁니다.

그렇다면 이제 무엇을 어떻게 할 수 있을까요? 부근에 다른 국립공원과 지리산 바로 옆에 국립공원들이 있으니 그 산들과 연결해주자는 겁니다. 국립공원을 전체적으로 이어나가는 것이죠. 지리산 국립공원을 무조건 팽창시키는 건 보나 마나 주민 반대로 절대로 못 하겠지만, 부근 다른 국립공원들과 연결하는 작업은 그런대로 우리가 해나갈 수 있지 않을까 싶습니다. 지금은 어떻게 보면 아마 연결할 숲 자체가 없을지도 모릅니다. 그렇다면 광릉숲 부근에 숲을 또 만들고 그 숲과 광릉숲을 연결해 확장하는 비전을 세워보는 겁니다.

김한정 : 이런 방식으로 생태 통로를 만들어보자는 말씀이시죠? 요즘 고속도로나 터널을 만들 때도 야생동물들이 지나다닐 수 있는 길을 만들고 하천에도 물고기들이 지나갈 수 있는 수로를 만들 듯이요.

최재천 : 생각보다 그 통로들을 동물들이 제법 많이 이용합니다.

김한정 : 지금 우리 개인이 할 수 있는 일들은 상당히 제한적입니다. 어떻게 보면 그래서 무력감에 빠질 수도 있고요. 우리가 이렇게 해서 과연 이 거대한 기후변화 위기를 어떻게 막을 수 있을까 하는 좌절감도 커가는데, 아까 제인 구달 박사님에 대해 말씀해주신 것처럼 우리 한 사람 한 사람의 힘과 노력이 전체를 바꿀 수 있는 희망을

품어야 할 것 같습니다.

최재천 : 이번에 구달 박사가 오셨을 때 이런 주제로 대화를 나누다가 제가 나눈 생각에 대해 칭찬받았습니다. 말씀하신 대로 이제 우리 젊은 세대는 기후 우울증까지 앓고 있지요. 어른들이 환경을 다 망가뜨려 놓았으니, 우리가 무엇을 한들 미래는 암울하다는 겁니다. 그러니 다 포기하고 그냥 막 살자. 거의 이러한 수준에 도달한 젊은이들도 제법 많다는데 구달 박사님은 어떻게 끊임없이 희망을 얘기하시냐고 제가 도발을 좀 했지요. 만약 박사님께 누군가가 도저히 희망을 품을 수 없는 상황인데도 희망을 품으라고 한다면 그럴 수 있겠냐고요. 그러자 구달 박사님도 수긍하시더군요. 그때 제가 준비했던 이야기를 꺼냈습니다. 지난 3년간 코로나 사태를 겪으면서 관찰한 바가 있습니다. 우리가 어렸을 때는 학교에서 늘 우리나라의 아름다운 가을 하늘에 대해 읽곤 했었죠.

김한정 : 가을 하늘에 대해 애국가에도 나오듯이요.

최재천 : 그렇죠. 그런데 우리는 오랫동안 그런 가을 하늘을 보지 못했습니다. 그런데 코로나 사태가 터지니까 그 가을 하늘이 돌아왔지요.

김한정 : 미세먼지가 사라지고요.

최재천 : 그 얼마 안 되는 짧은 기간에 우리가 알던 예전의 맑고

드높은 가을 하늘이 그냥 돌아왔다는 것. 그게 무엇을 의미하는지 곰곰 생각하다가, 어쩌면 자연은 우리 예상보다 훨씬 더 자생 능력이 강할지도 모른다는 생각이 들었습니다. 이렇게 생각하는 데는 근거가 있습니다. 우리는 자연 파괴에 대해서는 많이 기록하고 고발했습니다. 각 지방자치단체에서 건설과 개발을 구실로 나무를 다 베어내는 상황들에 대해서도요. 그런데 자연이 되돌아오는 과정은 제대로 지켜본 적이 없습니다. 그저 어느 날 갑자기 여기 이런 게 생겨 있네

하며 놀라워만 했을 뿐 어떻게 해서 그렇게 자연이 되돌아왔는지에 대해 기록하지 않았습니다. DMZ도 70년 동안 사람이 못 들어가니까 이렇게 좋아졌구나 감탄만 했을 뿐 70년 동안 누구도 그곳에 가서 기록하고 관찰하지 않았죠.

김한정 : 어떤 과정을 거쳐 복원되고 회복되는지 앞으로 더 깊이 연구할 필요가 있겠네요. 그러한 회복의 메커니즘을 좀 더 촉진할 수 있는 발상들을 찾아낼 수 있겠고요.

최재천 : 퇴임을 앞둔 저로서는 직접 연구에 뛰어들지는 쉽지 않겠고, 일단 그 과정을 제대로 지켜보다 보면 어떻게 복원되는지를 우고 도울 수 있는 방법을 찾을 수 있겠다 싶습니다.

김한정 : 그러한 복원을 해치고 방해하는 여러 환경을 개선할 수 있겠죠.

최재천 : 영어로는 '리질리언스resilience'라고 표현하지요. 그래서 만일 과학자들이 연구한 결과 자연이 우리 예상보다 굉장히 맷집이 좋고 회복력이 좋으니, 어떤 부분을 조심하고 어떤 부분을 보완하면 자연이 더 빨리 우리 곁에 올 수 있다는 것. 이런 이야기를 도출하려면 과학자들이 관련 연구를 더 서둘러야겠다는 마음에, 저는 요새 후배 학자들을 더 열심히 독려하고 있습니다.

김한정 : 결국 우리의 이 모든 노력은 생각의 변화에서

나오는 것 같습니다. 그동안 기후위기에 대해 제대로 인식하지 못했고 인식하더라도 그 부정적 영향에 대해 과소평가했고, 또 우리가 할 수 있는 일은 별로 없다고 회의했죠. 그런데 지금 우리 생각이 바뀌고 있으니 큰 변화를 앞둔 셈입니다. 저는 우리 국립수목원이 있는 광릉숲에서 이런 발견을 했습니다. 그동안 그 숲은 절대 보존지역이라서 사람 출입은 금지하는데 자동차는 다니고 있었거든요. 자동차는 다니는데 사람은 못 다니니 실제로 사람이 갈 수 있는 길이 없었죠. 자동차길은 위험하고 걷기에도 안 좋고 매연이 심하고 거친 길인데, 누가 걸을 맛이 나겠습니까? 그래서 시민들과 힘을 합해 사람이 걷는 길을 만들어 보고자 했죠. 당장 쉽지는 않았습니다. 이미 우리 생활 문화가 그렇게 연결돼 있지만 숲길을 열면 사람이 숲을 사랑하게 되고 스스로 가꾸는 과정에서 공존할 수 있으리라 생각했죠.

이제는 실제로 그 숲길이 잘 운영되고 있습니다. 또 사람들이 다니니 자동차들이 천천히 다니고요. 이런 변화가 일어나기 시작했습니다. 어떻게 보면 아주 사소하고 자그마한 변화인데, 그 숲길을 여는 과정에서 숲길에 사람들이 방문하면서 광릉 숲의 가치에 대해 다시 인식하게 된 겁니다. 또한 생태 변화에 각성이 필요하다고 인식하게 되고 그에 더해 시민들이 자원봉사로 숲길을 가꾸기 위해 모임 단체도 만들었고요. 바로 '광릉숲친구들'입니다. 그분들은 '내가 가꾸지 않으면 이 숲은 다시 우리와 멀어질 것이다'라는 생각하고 있어서, 숲을 지키며 숲을 더 사랑하게 되고 환경에 대해 인식도 전환하게 되는 등 긍정적인 연쇄 반응이 이어지고 있습니다. 그래서 저는 그런 면에서 바로 교수님께서 말씀하신 생태적 전환이, 우리 개개인에게서도 인식의 전환을 통해 일어나야 한다고 생각하게 되었습니다.

최재천 : 그런데 저희 같은 사람들은 왠지, 잘 보존된 숲에 사람을 들어가게 하면 숲이 망가질지도 모른다는 걱정을 자동으로 할 수밖에 없습니다.

김한정 : 그런 분들이 과거에는 좀 있었죠.

최재천 : 같은 논리를 한번 한강에 적용해봅시다. 한강이 되살아나려면 강변북로와 88올림픽대로가 없어져야 해요. 오물에다가는 누구도 발을 넣고 싶지 않겠죠. 그래서 시민들이 강에 내려가 강에 발을 넣을 수 있어야 합니다. 직접 가서 발을 넣고 싶을 정도로 강을 되살리고 싶은 마음이 생겨날 테니까요. 한강이 죽은 이유는, 제가 보기에는 그 양쪽 도로가 가장 결정적인 역할을 했다고 생각합니다.

김한정 : 시멘트 장벽을 만들어버렸죠.

최재천 : 동물과 사람이 수시로 드나들 수 있게 만들어야 오히려

그 강을 복원하고 지키는 일을 시민 스스로가 하게 되거든요. 광릉숲에서 지금 바로 그걸 보셨지요. 우리가 이제 또 건강도 되살려내는 일을 또 해야 합니다.

김한정 : 하나만 더 교수님 의견을 듣고 싶은 문제가 있습니다. 지금 후쿠시마 오염수 해상 방류 문제가 생겼는데, 정부에서는 과학을 믿지 않고 괴담에 휘둘린다는 식의 언급을 계속하고 있습니다. 하지만 우리 국민은 여전히 불안하거든요. 그리고 바다에 이렇게 핵물질이 함유될 가능성이 있는 오염수 방류를 앞으로 수십 년간 계속한다는 데 대해 상당히 우려하고 있습니다. 선생님 이 문제를 어떻게 해결해야 할까요? 정치 일선에 있는 사람으로서 제게도 참 난처한 난제입니다.

최재천 : 저도 한복판에 끼어들 엄두가 잘 안 나는 문제이긴 합니다. 좀 이상한 건, 과학을 얘기하려면 실은 반대로 해야 하거든요. 어떻게 보면 어떤 영향에 관해 이야기할 때 과학을 끌어들이면 쉬워져요. 과학적으로 분석해보고 실험해보니 해당 결과가 확실히 나오는 주제에 관해서는 과학적인 연구를 하기 쉽죠. 그런데 사실은 지금 정부가 '안전'을 가설로 세우고 과학을 끌어들이면 앞뒤가 전혀 맞지 않습니다. 정부가 너무 힘든 일을 자초한 셈이죠. 과학적으로 안전하다는 사실을 입증하려면 상당한 시간의 데이터가 축적되어야 합니다. 그래서 입증 못

해요. 지금은 우리가 우리 걱정만 하잖아요.
저는 언젠가 어디에 가서 다음과 같은 이야기를 조용히 했는데요, 저는 후쿠시마 앞바다에 있는 플랑크톤들이 걱정돼서 마음이 무척 아픕니다. 세계 전반에 대해, 자연 생태계를 연구하는 사람이기 때문인지도 모르겠습니다. 그러니까 우리는 지금 어떻게 보면 해양 생물들이 먹이사슬 관계를 통해 어떻게 올라와서 궁극적으로 우리에게 어떻게 영향이 미칠지만 생각합니다. 살던 곳에서 떠나지도 못하고 살아가는 플랑크톤들은 방류된 오염수를 그대로 아무 영문도 모르고 다 뒤집어써야 하는 거니까요. 우리에게 오기까지 많이 희석되어 궁극적으로는 우리에게 별다른 영향이 없다 하더라도, 그들은 지금 최전선에서 당하고 있잖아요. 자연을 연구하는 저는 우리 걱정도 하지만 자연에 사는 동식물들 걱정을 평생 하고 사는 사람이다 보니, 요즘은 참 마음이 많이 아립니다.
거꾸로 얘기하면 저는 오히려 정부가 과학을 잘못 건드렸다는 생각이 듭니다. 거기에서 과학을 잘못 얘기하면, 안전하다는 걸 과학적으로 입증하려면 영원히 해도 못하거든요. 누군가에게는 안전하지 않은 상황이 분명 발생하기 때문에 모든 상황에서 안전하다는 사실을 입증하는 건 불가능합니다. 제가 정부 입장이었다면 과학에 대해서는 말하지 않았을 겁니다. 게다가 워낙 시간도 오래 걸리는 일이고 진행하다 보면 희석되어 궁극적으로는 우리에게 그렇게까지 심각한 문제를 일으키지는 않는다는 방향으로 설명을 끌어갔겠지요. 그런데 정부에서 엉뚱하게 과학을 끌고 들어와서 저는 많이 놀랐습니다. '아, 저건 자가당착인데 저렇게 얘기하면 안 되는데' 싶어 앞으로 어찌 될지 걱정이 많습니다.

김한정 : 이제 마지막 질문을 드리겠습니다. 지금 결국 국제사회와 정치가 해야 할 과제는 탄소 배출을 줄이고 기후위기로 치닫는 속도를 줄여나가야 하는 것이겠죠. 국제적으로도 서로 약속이 되어 있고 기후 대응 무역 장벽문제도 걸려 있지 않습니까? 지금까지 지난 산업화 과정에서 기후위기 문제에 상대적으로 원인 제공을 덜 했던 저발전국·저개발국 같은 경우는 좀 억울하거든요. 지금 선진국들은 저렴한 석탄을 실컷 써놓고 이제 비싼 재생에너지로 가야 한다고 강요만 한다면, 지금 개발 국가들은 경제적으로 더 어려워지니까요. 선진국들은 그만큼 기후변화와 기후위기를 초래한 데 대한 책임 분담 차원에서 적극적인 기여를 해야 하는데, 또 서로 안 하려고 눈치 보고 소극적으로 나오거든요. 산업 경쟁력에서는 더욱 싼 연료, 싼 전기를

선호하니까요. 우리 한국 또한 탄소를 많이 사용하는 제조업 위주의 중화학 공급을 그동안 키워왔죠. 그래서 지금 OECD 국가 가운데 가장 재생에너지 비율도 낮고 탄소 배출은 높은, '기후 악당'이라는 말까지 듣고 있습니다. 이 문제를 어떻게 해결해 나가야 한다고 생각하십니까? 대한민국이 기후 모범국이 될 수 있을까요?

최재천 : 저는 이와 관련된 이야기를 하면서, '기후 악당'에서 '기후 얌체' 짓을 하더니 드디어 '기후 바보'가 됐다고 설명했습니다. 제가 2년간 CBD 국제생물다양성협약 의장을 맡았는데, 이제 국제기구에 가면 일단은 대한민국에 대한 평이 좋아요. 처음에는 우리가 연구를 빨리하고 발표를 잘합니다. 그러다가 어떤 이슈가 발생하면 나가서 대한민국 정부는 앞으로 2030년까지 이렇게 할 것이라고 발표하곤 합니다. 우리 국가 연구기관에 제법 능력 있는 연구자가 많아서 잘하죠. 발표가 끝나면 박수를 받습니다. 그런데 그런 회의가 매년 열리는데 우리는 1년 뒤에도, 2년 뒤에도 비슷한 얘기를 합니다. 그래서 조금 있다 보면 다른 나라들이 항의를 시작합니다. 그렇다면 이행을 했냐고요. 못합니다. 저는 CBD 의장으로서 정말 치욕적인 경험을 두 번 치렀습니다. 거의 180개국에서 온 사람들이 다 모인

회의를 제가 주재하는데, 어떤 안건 하나에서 제가 주재할 수 없다고 통보받았습니다. 대한민국 정부가 그것을 이행하지 않았다는 게 이유였습니다. 그래서 그 안건에 이르자 저는 단상(포디엄)에서 내려와야 했죠. 제가 지정한 다른 나라 대표가 올라와서 그 부분만 대신 대신 회의를 진행한 뒤 끝나면 제가 다시 올라가는 거예요. 전 세계 대표들이 다 지켜보는 가운데 대한민국 대표라는 의장이 포디움에서 걸어 내려와야 해요. 게다가 몬트리올의 포디움은 무척 높은데 거기서 걸어 내려와 바닥에 앉아 있다가 5분도 채 지나지 않아 다시 또 올라갑니다. 그러한 경우를 두 번 당했어요.

그때 느낌에 대해 말씀드리자면 이렇습니다. 한다고 해놓고 안 하는 놈은 악당이잖아요. 그런데 그게 악당의 수준을 넘어가면 얌체가 됩니다. 하는 척만 하고 한 발 뒤로 빼는 거죠. 그런데 제가 겪어보니 이게 얌체가 아니라 바보더라고요. 왜냐하면 이건 내가 안에서 이득을 얻는 게 아닙니다. 실제로 국제적으로도 망신을 당하는 건 말할 것도 없고, 실제로 우리가 이행하지 않는다고 해서 대한민국에 이득이 되느냐 하면, 전혀 아닙니다. 그러니까 결국은 해야 하는 일인데 지금 자꾸 우리나라를 포함해 많은 나라들이 자꾸 피하는 거잖아요. 그런데 환경이라는 문제는 다른 국제 문제와는 또 달라서 모든 나라가 한꺼번에 겪는 겁니다. 연결되어 있으니까요. 내가 하지 않으면 나 혼자 살아남거나 혼자 살짝 이득을 취하거나 할 수 있는 문제가 아닙니다. 물론 뭐 약간의 이득은 있을 수 있겠지만 궁극적으로는 모두가 다 함께 망하는 길을 가는 겁니다. 바보예요. 제가 보기에는 악당도 아니고 얌체도 아니고 바보이기 때문에 그 사실을 인식해야 하는데, 많은 정책 집행자가 당장은 힘드니 자꾸 빠져나가려고 하는 거죠.

박경리 선생님 얘기로 마무리하겠습니다. 2002년 코엑스에서 우리가 세계 생태학대회를 열었습니다. 우리는 여전히 학문 사대주의에 젖어 있다 보니, 대개 그런 큰 국제대회를 하면 반드시 외국 교수님을 모셔서 기조연설을 듣고 배워야 하는 면이 있죠. 5일

동안 진행되는데 다섯 분을 모셨고, 수요일이 가장 중요하다 보니 가장 중요한 수요일에 제가 박경리 선생님을 모셨습니다. 저는 태생적으로 조금 반골 기질이 있어서인지, 우리에게도 굉장히 훌륭한 분이 있다는 걸 보여주고 싶었죠. 처음에는 다들 표정이 조금 이상했습니다. 그런데 박경리 선생님은 그날 두 번 기립박수를 받았습니다. 그 기립박수를 받은 중 한 번은, 박경리 선생님이 말하자면 원금은 건드리지 말고 이자만으로 살아보라는 이야기였습니다. 그걸 제가 영어로 통역하자마자 그 몇백 명이 바로 박차고 일어나 박수를 퍼부었죠.

김한정 : 다들 알아들었습니까?

최재천 : 네, 알아들었어요. 지금 우리가 다루는 주제이자 키워드가 지속가능성인데, 2002년이면 아직 생태학에서 지속가능성이라는 논제가 없던 시절입니다. 어렴풋이 그 이야기를 우리가 시작하던 시절이었죠. 그런데 한국의 한 소설가가 그 핵심을 바로 전한 겁니다.

김한정 : 원금을 까먹고 살면 안 된다는 거죠.

최재천 : 지금 있는 이 환경을 망가뜨리고 그걸 후세에 넘겨주면 후세 입장에서는 원금이 까인 것이다, 그러니까 우리 세대는 지금 있는 것에서 이자만 가지고 어떻게든 살아보려고 노력해야 우리가 환경을 훼손하지 않고

후손에게 물려준다는 그 개념이다. 그 중요한 주제를 그렇게 기가 막히게 문학적으로 딱 표현해주신 거예요. 정말 박수 세례가 몇 번이고 이어졌습니다. 그날 이후로 저는 코엑스를 돌아다니며 외국 친구들에게 도대체 소설가가 어떻게 그런 혜안을 지닌 것이냐며 묻곤 했죠.

김한정 : 날카로운 통찰력이죠.

최재천 : 사람들이 자꾸 노벨문학상 후보라고 찬사를 보냈습니다. 박경리 선생님은 정말 특별한 분이셨어요.

김한정 : 사람에게 자연을 해칠 권한이 없다는 교수님 특강 내용이 아주 인상적입니다. 마찬가지로 우리에게 미래 세대를 해칠 권한이 없다는 것까지도 생각해야 할 것 같습니다. 기후위기는 미래 세대에 넘겨줘야 할 자연을 우리가 훼손하고 당겨써서 이런 결과가 온 것일 수도 있으니, 정치면에서는 지금 새롭게 각성할 수 있는 정책으로 전환하는 방향이 필요하겠습니다. 우리 시민들은 또 각자 생각을 전환해 일상에서 생활 습관 자체를 바꿔야 할 것이고 또 국제사회는 지구를 지키는 선의의 경쟁을 해야겠습니다.

최재천 : 박경리 선생께서 하신 말씀을 계속 곱씹으며 살다 보면 해결책이 있을 것 같습니다. 이자만으로 살아가는 그런 소박한 삶이라면 적어도 미래 세대에 폐는 끼치지 않고 우리가 떠날 수 있을 테니까요. 저는 그 말씀을 그날

이래로 늘 가슴에 새기고 삽니다.

김한정 : 그래서 많은 국민이 교수님 말씀을 더욱더 경청하고 더욱더 생각하게 되는 듯합니다. 오늘 소중한 시간 내주셔서 너무나 감사드립니다. 고맙습니다. 광릉숲으로 한번 모시고 싶습니다.

최재천 : 네, 알겠습니다. 기회 한번 내주십시오.

김한정 : 광릉숲을 지키고 사랑하는 건강한 시민들을 한번 만나주시면 좋겠습니다. 굉장한 용기를 지닌 분들입니다. 이게 그 소식지인데, 교수님께서 익히 아시는 분이 많을 겁니다. 최열 환경재단 이사장님, 우리 지역에 있는 대학교 총장님, 기후 환경 전문가·교수님들이 참여하고 있습니다. 운영위원들은 대부분 광릉숲이 있는 남양주 지역분들입니다. 자문위원들을 보면 서울대 환경대학원

윤순진 선생님도 계시고요. 앞으로 교수님께도 많은 자문과 지도를 부탁드리겠습니다.

최재천 : 고맙습니다.

이 책의 편집 책임을 맡은 메디치미디어 배소라 실장, 의원실의 고봉준 보좌관과 함께

WEIRD
COMPETITION
NONZERO
DARWIN'S SACRED CAUSE
HUMAN NATURES
Paul R. Ehrlich
THE TANGLED WING
THE MORAL ANIMAL
ROBERT WRIGHT
MORAL MINDS
MORALITY
The Blind Watchmaker
지상 최대의 쇼
THE THIRD CHIMPANZEE
Sociobiology
종의 기원
THE KINDNESS OF STRANGERS
WHAT IS LIFE?
PHILOSOPHY OF BIOLOGY
KUHN
JANE GOODALL
RELENTLESS EVOLUTION
ANIMAL EVOLUTION
THE 10,000 YEAR EXPLOSION

Stiffed
붉은 여왕
PREDICTABLY IRRATIONAL
공정사회란
뮤지코필리아
Animal Architecture Karl von Frisch
뇌과학의 모든 것
STEVEN PINKER
the blank slate
LES INSECTES SOCIAUX
BUZZWORDS
Study of Insects
For Love of Insects
KLUGE
THINKING
BAT ECOLOGY
Behavioural Ecology
AVIAN GENETICS
MAMMALS OF KOREA
THE WISDOM OF THE HIVE
회색 쇼크
Next Society

광릉숲에서 찾는
미래

기후위기 시대의 각성

김한정 지음

초판 1쇄 인쇄일 2023년 10월 24일
초판 1쇄 발행일 2023년 11월 01일

ISBN 979-11-5706-308-6 (03300)

만든 사람들

기획편집 **배소라**
책임편집 **박유진**
디자인 **이시라**
홍보 마케팅 **최재희 신재철 김예리**
인쇄 **한영문화사**

펴낸이 **김현종**
펴낸곳 **㈜메디치미디어**
경영지원 **이도형 이민주 김도원**
등록일 2008년 8월 20일 제300-2008-76호
주소 서울시 중구 중림로7길 4, 3층
전화 02-735-3308
팩스 02-735-3309
이메일 editor@medicimedia.co.kr
페이스북 facebook.com/medicimedia
인스타그램 @medicimedia
홈페이지 www.medicimedia.co.kr